365名师讲堂

爱论语的
365天

申怡 编著

化学工业出版社

·北京·

内 容 简 介

《爱论语的 365 天》精选《论语》的经典语录 353 条，分为圣人孔子、孔门弟子、各抒己见、点评天下、个人修养、教而不倦 学而不厌、为政以德、仁者爱人、君子德行、孝亲善友、诗文礼乐、德在日常 12 个主题。书中每条语录设置"原文""注释""译文""点评"四个栏目，从字、音、释义、背景拓展等方面进行了全方位解读；每一主题后配有"精选真题"供读者学习、检测；书末的"论语人物"栏目视点独到、颇具趣味。

本书试题参考答案通过微信扫描二维码获取（音、视频课程需购买套装或另付费用开通）。

《爱论语的 365 天》可供中小学师生、家长及传统文化爱好者使用。

图书在版编目（CIP）数据

爱论语的 365 天 / 申怡编著 . —北京：化学工业出版社，2023.11

（365 名师讲堂）

ISBN 978-7-122-44097-6

Ⅰ . ①爱… Ⅱ . ①申… Ⅲ . ①《论语》- 通俗读物 Ⅳ . ① B222.2-49

中国国家版本馆 CIP 数据核字（2023）第 164753 号

责任编辑：丁建华　　　　　　　　　　装帧设计：小徐书装
责任校对：边　涛

出版发行：化学工业出版社 (北京市东城区青年湖南街 13 号 邮政编码 100011)
印　　装：大厂聚鑫印刷有限责任公司
880mm×1230mm　1/32　印张 14½ 字数 405 千字　2023 年 10 月北京第 1 版第 1 次印刷

购书咨询：010-64518888　　　　　　售后服务：010-64518899
网　　址：http://www.cip.com.cn

定　　价：98.00 元　　　　　　　　　　版权所有　违者必究

自序

一部《论语》，对于中国人，乃至整个中国文化来讲，都有不一样的意义。在古代，它曾经是开科取士的必读书，现在，它被选入初高中教材。不仅仅因为它是儒家经典，还因为它是修身立人的必修课。

《论语》的"论"字，是辑录、纂录的意思，也可以理解成分析道理、判断是非的意思，是理论，是学说。

孔子的思想学说之一是要实现教育平等，想要拜他为师，不需要很高的门槛，只拿来几条肉干就可以。孔子倡导因材施教，同样一件事，他对勇猛鲁莽的子路说，冲出去之前你要看看地上有没有玻璃碴子，对生性懦弱的冉有说，你就大胆地往前冲吧！试问，两千年后的今天，又有多少老师和家长能做到呢？

除了教育思想，《论语》里还记录了孔子治国和立人的标准，那就是礼和仁。孔子不厌其烦，一遍又一遍地，见谁跟谁说"要讲礼，要有仁德"，说得那些国君和世族要么烦他把他赶走，要么怕他躲着他。那为什么后世的帝王又那么喜欢他？是因为孔子的理论和学说被历代学者刷上了一层又一层面具，使其虽然有治国理政的实际功用，却渐渐失去了本来面目，孔子也被当成了工具人。为了父母不惜丢掉自己生命的愚孝、君让臣死臣不敢不死的愚忠，都是后世历代学者为了迎合帝王，让老百姓更容易被统治，而对孔子观点作出的曲解。

如今，孔子终于能露出他那张真实的脸，《论语》里那些闪闪发光的话，仍然让现代人终身受益。"三人行，必有我师""己所不欲，勿施于人""逝者如斯夫，不舍昼夜"……还有那100多个出自《论语》的成语，都融入了国人的血脉和基因里。

《爱论语的365天》是一本不一样的《论语》，它是一本"乱序"《论语》。原著中孔子的思想和观点散落在各篇，犹如灿烂星辰，《爱论语的365天》用题材分类法，将其重新分为十二个主题，圣人孔子、孔门弟子、个人修养、君子德行……每月一个主题，每一个主题表达同一类观

点，或者讲同一类事，使《论语》的思想清晰地呈现出来。假如说每月的主题绚若正午高阳，照进人心，那么每一天里的一章《论语》内容，则清如涓涓细流，可以浸润沉思的心灵。

《爱论语的365天》是《申怡讲论语》的升级版，升级之后，更加贴合学生群体。为了方便学生理解和吸收，这本书增加了注释、译文；也为了帮助学生培养思辨能力，更透彻地理解《论语》的内容，每一章都撰写了独家点评。另外，这本书在旧版的基础上，对极个别的字和条目顺序进行了调整，更便于读者了解《论语》的观点，读懂《论语》对现代社会的意义。

我还依托本书，录制了讲读音频和真题视频，作为本书载体之外的丰富和拓展，方便成人读有所得，听有所感，然后将其用于日常生活，更方便孩子学透《论语》，积累写作素材，增加传统文化储备。

《爱论语的365天》，让我们在每日《论语》中充实自己。

扫码获取参考答案

八月　仁者爱人……249

九月　君子德行……287

十月　孝亲善友……321

十一月　诗文礼乐……357

十二月　德在日常……391

论语人物……427

孔子弟子索引……453

目录

一月　圣人孔子……………………………………… 1

二月　孔门弟子…………………………………… 41

三月　各抒己见………………………………… 75

四月　点评天下………………………………… 109

五月　个人修养………………………………… 145

六月　教而不倦　学而不厌………………… 181

七月　为政以德………………………………… 213

1月

01 日

导语

　　《论语》是孔子和他的弟子们言谈的合集，是最早的"语录体"著作。两千多年来，从小处说，它影响了国人的思想；从大处说，它还影响了治国理政。直到今天，它对人们仍然有着深刻的影响和启迪。

　　让我们用 12 个月 365 天走进孔子的一生，了解《论语》的世界。

　　一月的阅读主题是"圣人孔子"，通过《论语》里的句子，可以了解孔子这个忠信好学、发奋忘时、乐以忘忧，不怨天尤人，又有血有肉、有悲有喜、有苦有乐的普通古人。孔子被后世称为圣人，他的人生几乎成为后人成长的标准。一月，将围绕孔子一生不同的人生阶段，不同的遭遇经历，来看看他究竟是如何成为圣人的。

原文

子曰："吾十有①[yòu]五而志于学，三十而立②，四十而不惑③，五十而知天命④，六十而耳顺⑤，七十而从⑥心所欲，不逾⑦矩。" ❶

——《为政》

注释

①有：同"又"。

②立：站得住的意思，此处指"自立"。

③不惑：掌握了知识，不被外界事物所迷惑。

④天命：指不能为人力所支配的事情。

⑤耳顺：有多种解释，一般而言，指对那些于己不利的意见也能正确对待。

⑥从：遵从的意思。

⑦逾：越过。

译文

孔子说："我十五岁立志于学习；三十岁能够自立；四十岁能不被外界事物所迷惑；五十岁懂得了大自然的运行规律；六十岁能正确对待各种言论，听起来不觉得不顺耳；七十岁能随心所欲而不越出规矩。"

点评

这段话是孔子对自己一生各个阶段的概括，也是孔子对他追求道德人生不同层次的总结。从每个人自身的角度来讲，人的一生既要有方向、有目标地不断前进，也要遵循规则，按部就班，循序渐进，不能急躁。在一个阶段，就完成这个阶段的事。要顺应自然，找到规律，否则一味地追求卓越，只会更加慌乱。

原文

太宰①问于子贡②曰:"夫子圣者与? 何其多能也?"子贡曰:"固天③纵之将圣,又多能也。"子闻之,曰:"太宰知我乎? 吾少也贱,故多能鄙事④。君子多乎哉? 不多也。"

——《子罕》

注释

①太宰:官名,掌握国君宫廷事务。这里的太宰,有人说是吴国的太宰伯,但不能确认。

②子贡:端木赐(公元前520年—公元前456年),复姓端木,字子贡。春秋末年卫国黎(今河南省鹤壁市浚县)人。孔子的弟子,"孔门十哲"之一,善于雄辩,办事通达,曾任鲁国、卫国的丞相。还善于经商,是孔子弟子中的首富。

③纵:让,使,不加限量。

④鄙事:卑贱的事情。

译文

太宰问子贡说:"孔夫子是位圣人吧? 为什么这样多才多艺呢?"子贡说:"这本是上天让他成为圣人,而且使他多才多艺。"孔子听到后说:"太宰怎么会了解我呢? 我因为少年时地位低贱,所以会许多卑贱的技艺。君子需要有这么多的技能吗? 不需要这么多的。"

点评

这一章是太宰问子贡孔子是不是圣人。作为弟子,子贡认为孔子不仅是圣人,还是天才。但孔子本人并不承认这点。孔子认为自己小的时候出身不高,是为了谋生才多掌握技能的。所以孔子不认为自己是天才,同时孔子觉得君子不应该多才多艺。而且在孔子的价值观中,道德的修养,要比具体的技能重要得多。所以他强调"君子多乎哉? 不多也"。

原文

子曰:"莫我知也夫!"子贡曰:"何为其莫知子也?"子曰:"不怨天,不尤^①人,下学而上达^②。知我者其天乎!"

——《宪问》

注释

①尤:责怪,怨恨。
②下学而上达:下学,学人事;上达,达天命。

译文

孔子说:"没有人了解我啊!"子贡说:"怎么能说没有人了解您呢?"孔子说:"我不埋怨天,也不责备人,下学礼乐而上达天命。了解我的只有天吧!"

点评

在这一章中,孔子虽然感叹没有人了解自己,但也不忘强调"不怨天,不尤人"。即使没人能理解自己,也不能因此去怪罪别人,这是很高的人生觉悟。《论语》当中,孔子会有一些小抱怨,但这丝毫不能降低圣人的形象,反而让人觉得圣人也是身边真实的人,让人更能理解孔子的伟大。

原文

> 子贡曰："有美玉于斯，韫椟①[yùn dú]而藏诸？求善贾②[gǔ]而沽③诸？"
> 子曰："沽之哉！沽之哉！我待贾者也。"❸
>
> ——《子罕》

注释

①韫椟：收藏物件的柜子。
②善贾：识货的商人。
③沽：卖出去。

译文

　　子贡说："这里有一块美玉，是把它收藏在柜子里呢，还是找一个识货的商人卖掉呢？"孔子说："卖掉吧，卖掉吧！我正在等着识货的人呢。"

点评

　　"待贾而沽（待价而沽）"的成语就出自这一章。孔子把自己当作"待贾者"，所以他一边周游列国，宣传礼法，希望统治者能够遵从他的大道；一边又随时准备自己参与国家政策的制定，做一个执政者，通过政治力量去推行礼法。虽然结果不尽如人意，但他一生都在努力推行自己坚持的"道"。

原文

子曰："天生德于予，桓魋[tuí]①其如予何？"

——《述而》

注释

①桓魋：宋国主管军事行政的司马，掌控宋国兵权。他是宋桓公的后代，深受宋景公宠爱，其弟子牛是孔子的弟子。

译文

孔子说："上天把德赋予了我，桓魋能把我怎么样？"

点评

这句话有背景故事。当时孔子要去陈国，在路过宋国的时候，桓魋带兵要去杀孔子。最终在众位弟子的拼死保护之下，孔子才艰难离开宋国。在逃跑的时候，孔子说了这句话。他是想说，上天赐予自己仁德，桓魋是没有办法对付自己的。

原文

> 公山弗扰①以费[bì]畔，召[zhào]，子欲往。子路②不说[yuè]，曰："末之也已③，何必公山氏之之也④？"子曰："夫召我者，而岂徒⑤哉？如有用我者，吾其为东周⑥乎？"
>
> ——《阳货》

注释

①公山弗扰：人名，又称公山不狃[niǔ]，字子洩，季氏的家臣。

②子路：仲由（公元前542年—公元前480年），字子路，又字季路，鲁国卞人。"孔门十哲"之一、"二十四孝"之一、"七十二贤人"之一，受儒家祭祀。

③末之也已：末，无；之，到、往；末之，无处去；已，止、算了。

④之之也：第一个之字是助词，后一个之字是动词，去、到的意思。

⑤徒：徒然，空无所据。

⑥为东周：建造一个东方的周王朝，在东方复兴周礼。

译文

公山弗扰占据费邑叛乱，来召孔子，孔子准备前去。子路不高兴地说："没有地方去就算了，为什么一定要去公山弗扰那里呢？"孔子说："他来召我，难道只是一句空话吗？如果有人用我，我就要在东方复兴周礼，建设一个东方的周王朝。"

点评

孔子一直在等待着赏识他的人。孔子的理想是恢复周礼，恢复西周的政治。他太想有一个地方能实践自己的政治理想了，以至于公山弗扰这样的乱臣贼子想要重用他治理地方，他都想答应。孔子不是当官心切，而是实现理想的心情过于迫切了。

原文

佛肸[bì xī]召[zhào]，子欲往。子路曰："昔者由也闻诸夫子曰：'亲于其身为不善者，君子不入也。'佛肸以中牟②畔，子之往也，如之何？"子曰："然，有是言也。不曰坚乎，磨而不磷[lín]③？不曰白乎，涅④而不缁[zī]⑤。吾岂匏[páo]瓜⑥也哉？焉能系[jì]⑦而不食？"

——《阳货》

注释

①佛肸：晋国大夫范氏家臣，中牟城地方官。

②中牟：地名，在晋国，约在今河北邢台与邯郸之间。

③磷：损伤。

④涅：一种矿物质，可用作颜料染衣服。

⑤缁：黑色。

⑥匏瓜：葫芦中的一种，味苦不能吃。

⑦系：结，扣。

译文

佛肸召孔子去，孔子打算前往。子路说："从前我听先生说过：'亲自做坏事的人那里，君子是不去的。'现在佛肸占据中牟反叛，您却要去，这如何解释呢？"孔子说："是的，我有过这样的话。不是说坚硬的东西磨也磨不坏吗？不是说洁白的东西染也染不黑吗？我难道是个苦味的葫芦吗？怎么能只挂在那里而不给人吃呢？"

点评

佛肸和公山弗扰的背景很像，都是家臣，也都是"乱臣贼子"。孔子面对佛肸的邀请又一次想要答应，在关键时刻还是子路拦下了老师。孔子的一生，在追求政治实践的道路上屡次碰壁，不仅仅是因为他没有遇到赏识自己的明主，也跟他所推行的政治思想不符合春秋战国的乱世有关。

原文

> 齐景公①待孔子曰："若季氏，则吾不能；以②季、孟之间待之。"曰："吾老矣，不能用也。"孔子行。
>
> ——《微子》

注释

①齐景公：(？—公元前490年)，姜姓，吕氏，名杵臼，齐灵公之子，齐庄公之弟，春秋时期齐国君主。齐景公既有治国的雄心壮志，又贪图享乐。在位58年，国内治安相对稳定，但因没有嫡子，身后诸子展开了激烈的王位之争。

②以：用。

译文

齐景公讲到对待孔子的礼节时说："像鲁君对待季氏那样，我做不到，我用介于季氏、孟氏之间的待遇对待他。"又说："我老了，不能用他了。"孔子离开了齐国。

点评

孔子又一次碰壁了，也是他无数次的满怀希望，却最终失望的一次。齐景公是春秋时期实力最强的诸侯之一，齐景公想用他，但是，齐国反对孔子的人太多，齐景公就知难而退，不敢用孔子了。结果，孔子再一次失望地离开了齐国。孔子总是碰不到有魄力又有能力的国君去重用他，以至于，像佛肸和公山弗扰那样叛乱的小臣，孔子都愿意去帮助。

孔子是一个执着的人，孔子一次次碰壁，一次次不肯放弃，他充满着希望而去，又带着满满的失望而归，但他依然坚持布道，坚持自己心目中对的事情，这才是圣人应该具备的品质。

原文

子曰："十室之邑①，必有忠信如丘者焉，不如丘之好学也。"

——《公冶长》

注释

①邑：泛指城市。

译文

孔子说："即使只有十户人家的小城镇，也一定有像我这样讲忠信的人，只是不如我那样好学罢了。"

点评

孔子不觉得自己的忠信程度无人可比，相反，他甚至觉得在十户人家的小城镇，也能有跟他一样忠信的人。孔子是一个十分坦率直爽的人，他觉得自己的长处是善于学习。也就是说，他的才能，甚至德行，都是后天学来的，并不是"生而知之"。

原文

> 子路宿于石门①。晨门曰:"奚自?"子路曰:"自孔氏。"曰:"是知其不可而为之者与?"

——《宪问》

注释

①石门:地名,鲁国都城的外门。

译文

子路夜里住在石门,第二天早上看门的人问:"你从哪里来?"子路说:"从孔子那里来。"看门的人说:"是那个明知做不到却还要去做的人吗?"

点评

"知其不可而为之。"这话说是讥讽也有道理,明明知道不行,还犯傻去做。说是推崇孔子伟大的救世精神,也无不可。因为这本身并不是一种愚蠢,而是一种伟大的绝不平庸、孤绝的人格和精神。再往高了说,甚至可以说是一种古典的、悲剧式的崇高,是人类精神超越一切生物之上的一种证明。人要的就是一种韧劲,就是一种坚持,就是一次又一次的超越。

原文

> 叶[shè]公①问孔子于子路，子路不对。子曰："女奚不曰：'其为人也，发愤忘食，乐以忘忧，不知老之将至云尔②。'" ②
>
> ——《述而》

注释

①叶公：姓沈名诸梁，楚国的大夫，封地在叶（旧音摄）城，所以叫叶公。
②云尔：云，代词，如此的意思。尔，同"耳"，而已、罢了。

译文

叶公向子路问孔子是个什么样的人，子路不答。孔子（对子路）说："你为什么不这样说：'他这个人，发愤用功，连吃饭都忘了，快乐得把一切忧虑都忘了，连自己快要老了都不知道，如此而已。'"

点评

这句话是孔子的自我评价。孔子想要强调自己是个好学的人。前面的"十室之邑，必有忠信如丘者焉，不如丘之好学也"，也是孔子强调自己好学。为什么孔子在自我评价的时候，总要强调自己好学这个特点呢？因为孔子在当时虽然还没有成圣，但也已经是德才兼备受人尊重的人，是众人学习的榜样了。孔子想要传达的是，只要肯学习，只要好学，就能跟他一样，成为一个德才兼备受人尊重的人。也只有这样的传达，才能让更多的人愿意加入到孔子的教学队伍当中来。

原文

子曰："若圣与仁，则吾岂敢？抑①为之②不厌，诲[huì]人不倦，则可谓云尔③已矣。"公西华④曰："正唯弟子不能学也。"

——《述而》

注释

①抑：转折的语气词，"不过"的意思。

②为之：指（向圣与仁的方向）努力去做。

③云尔：这样说。

④公西华：（公元前509年或公元前519年—？），字子华，又称公西赤，今河南省濮阳市濮阳县人，东周时期鲁国学者、孔子弟子，"七十二贤人"之一。

译文

孔子说："如果说到圣与仁，那我怎么敢当？我不过是（朝这个方向）努力去做而不厌倦，教诲别人时也从不感觉疲倦，那倒是可以这样说罢了。"公西华说："这正是我们学不到的。"

点评

孔子在这一章中强调了两件事。第一，孔子不承认自己是"圣"与"仁"，认为自己只是在按照"圣"与"仁"的轨迹去实践。孔子其实是不在乎能不能成为圣人的，相比这些称呼，孔子更在乎去做具体的事情，所以他说了第二件事，"为之不厌，诲人不倦"，这两条看上去很简单，但孔子的学生公西华给出了"正唯弟子不能学也"的评价，这正是我们学不到的啊。而孔子却在用一生践行自己所说的话。

原文

子曰："文，莫吾犹人也。躬行①君子，则吾未之有得。"

——《述而》

注释

①躬行：身体力行，亲自实践。

译文

孔子说："就书本知识来说，大约我和别人差不多。（如果说要）做一个身体力行的君子，那我还没有做到。"

点评

对"文，莫吾犹人也"这句，在学术界还有不同解释。有的说这句的意思是"讲到书本知识我不如别人"，有的说是"大约我和别人差不多"。这里采用后一种观点。孔子教学生，是双管齐下，既要教书本上的知识，也要培养动手的实践能力。孔子认为自己在做实事方面，还不算是君子。希望弟子们身体力行，超越自己。

原文

> 子曰："二三子①以我为隐乎？吾无隐乎尔。吾无行而不与二三子者，是丘也。"
>
> ——《述而》

注释

①二三子：这里指孔子的学生们。

译文

孔子说："学生们，你们以为我对你们有什么隐瞒的吗？我是丝毫没有隐瞒的。我没有什么事不是和你们一起干的，我孔丘就是这样的人。"

点评

这一章中，只有孔子说的这么孤零零的一句话，但能够从中推测出，肯定是有弟子怀疑孔子隐瞒了什么，心里会有一些想法——"老师你跟我们说的道理都是那么简单，自己的修为却是那么高，你肯定藏了一些秘诀不告诉我们。"所以孔子坦言说，"吾无隐"——"我是丝毫没有隐瞒的。我没有什么事不是和你们一起干的"。

孔子的弟子中他最喜欢颜回，但教学的时候孔子会不会多教颜回一点？肯定不会。如果是对颜回多教一点，对其他人少教一点，那孔子就有区别对待的心了，就有"隐"了。而孔子坦言自己是"无隐"的。正是这种"吾无隐"的坦荡才能让孔子成为圣人。

原文

子曰："出则事公卿，入则事父兄，丧事不敢不勉①，不为酒困，何有于我哉？"

——《子罕》

注释

①勉：力量不够而尽力做。

译文

孔子说："在外侍奉公卿，在家孝敬父兄，有丧事不敢不尽力去办，不被酒所困，这些事对我来说有什么困难的呢？"

点评

孔子在本章中说的这几句话，是他对自我修养所提出的具体要求。"出则事公卿"是说在外面，办公事要恪尽职守，这就是"忠"。而"入则事父兄"，就是说在家里，要孝敬父母、关爱兄弟姐妹，这就是"孝"。忠孝是孔子非常重视的道德规范，也是他对弟子们的要求。孔子本人在这两方面就做得很好。

原文

> 微生亩①谓孔子曰："丘何为是②栖栖③[xī]者与？无乃为佞[níng]乎？"孔子曰："非敢为佞也，疾固④也。"
>
> ——《宪问》

注释

①微生亩：鲁国著名隐士。

②是：如此。

③栖栖：忙碌不安、不安定的样子。

④疾固：疾，恨。固，固执。

译文

微生亩对孔子说："孔丘，你为什么这样四处奔波游说呢？你不就是要显示自己的口才和花言巧语吗？"孔子说："我不是显示自己的口才，只是痛恨那些顽固不化的人。"

点评

　　微生亩是鲁国的著名隐士，他觉得自己所处的时代已经无可救药，就选择避世而居。跟微生亩不同，孔子不顾纷乱的现实，四处奔走，传播自己的思想，努力改变这个世界。这些行为在微生亩看来是不合时宜的，他讥讽孔子，四处奔波传道，是怕别人不知道自己口才好。

　　但在孔子看来，他就是要"知其不可而为之"。明知道这个时代不是自己的时代，也要做出正确的事情，为这个时代带来一束光。所以孔子成了圣人，所以孔子之后的古人说"天不生仲尼，万古如长夜"。

原文

> 颜渊①喟[kuì]然②叹曰："仰之弥③高，钻之弥坚。瞻之在前，忽焉在后。夫子循循然④善诱人，博我以文，约我以礼，欲罢不能。既竭吾才，如有所立卓尔⑤。虽欲从之，末⑥由⑦也已。"
>
> ——《子罕》

注释

①颜渊：即孔子弟子颜回（公元前521年—公元前490年），字子渊，所以又叫颜渊。"孔门十哲"之一，"七十二贤人"之首。

②喟然：叹气的样子。

③弥：更加，越发。

④循循然：循序渐近，有顺序的样子。

⑤卓尔：高高直立的样子。尔，相当于"然"。

⑥末：无。

⑦由：路，途径。

译文

颜渊感叹说："我的老师啊，他的学问道德，抬头仰望，越望越觉得高；努力钻研，越钻研越觉得深。看着好像在前面，忽然又像在后面了。老师循序渐近地引导我们，用各种文献来丰富我们的知识，用礼来约束我们的行为，我们想要停止学习都不可能。我已经用尽自己的才力，似乎有一个高高的东西立在我的前面。虽然我想要追随上去，却找不到可循的路径。"

孔子是一位圣人，也是一位老师。后世称他为万世师表，除了因为他的思想影响，还因为他了不起的教育影响。孔子究竟有多少弟子，没有明确的记录。著名的就有"孔门十哲""七十二贤人"。这些弟子当时分布在各行各业，有不少都是影响很大的人物。

这一章是弟子颜回评价老师孔子的话。这个评价，既客观又主观。主观上颜回认为老师的人格、学问都是一流的，无人能比。客观上孔子人格伟岸、学识渊博，这都是孔子内在修养自然而然表现出来的。

原文

> 子贡曰："夫子之文章①，可得而闻也；夫子之言性②与天道，不可得而闻也。"
>
> ——《公冶长》

注释

①文章：这里指孔子传授的《诗》《书》《礼》《乐》等。
②性：人性。

译文

子贡说："老师关于《诗》《书》《礼》《乐》等文献的讲述，我们能够听得到；老师关于人性和天命方面的言论，我们从来没听到过。"

点评

子贡认为，孔子讲《诗》《书》《礼》《乐》等文献上的知识是有形的，可以听闻，可以学到，但是关于人性与天道的理论，本身就属于深微难知的范畴，不是聪明通达的人不能听懂。

孔子不喜欢空谈所谓的天道。他的学问都是从自己的人生体验来的，不是无根之木，无源之水。所以在《论语》中，提到天道的内容很少。大部分都是孔子从自身出发，言传身教去弘扬人道。这就是所谓的"天道远，人道迩"。

原文

　　子禽①问于子贡曰："夫子②至于是邦③也，必闻其政，求之与？抑④与之与？"子贡曰："夫子温、良、恭、俭、让⑤以得之。夫子之求之也，其诸⑥异乎人之求之与？"

——《学而》

注释

①子禽：姓陈名亢[gāng]，字子禽。春秋末年陈国人，陈国君主的后人。齐大夫陈子车的弟弟，《孔子家语》中说他是孔子的弟子，但《史记·仲尼弟子列传》中没有记载他。

②夫子：这是古代的一种敬称，凡是做过大夫的人都可以取得这一称谓。孔子曾担任过鲁国的司寇，所以他的学生们称他为夫子，后来沿袭用夫子来称呼老师。《论语》中所说的夫子，都是孔子的学生对他的称呼。现在大家经常说的"孔老夫子"也是从这里来的。

③邦：指当时割据的诸侯国家。

④抑：表示选择的文言连词，还是的意思。

⑤温、良、恭、俭、让：就字面理解即为，温和、善良、恭敬、俭朴、谦让。这是孔子的弟子对他的赞誉。

⑥其诸：语气词，有大概、可能的意思。

译文

　　子禽问子贡说："夫子每到一个国家，一定会听得到这个国家的政事。那是求人家告诉他的呢，还是人家主动说给他听的呢？"子贡说："夫子是靠温和、善良、恭敬、俭朴和谦让得来的。（如果这也算是求得的，）那夫子求得的方式，大概是不同于别人的吧？"

本章通过子禽与子贡两人的对话，把孔子的为人处世品格勾画了出来。

在对话中，子贡概括了孔子的品德"温、良、恭、俭、让"，认为就是这样极高的道德境界，感动了各国的诸侯国君，让他们暂时放下了不同的政见，高度信任孔子，并且愿意跟孔子讨论，如何能够定国安邦。所以孔子能够了解各国的事务，成为一个通晓世界的人。这依靠的依然是他的道德修养。

原文

> 卫公孙朝①问于子贡曰："仲尼②焉学？"子贡曰："文武③之道，未坠于地，在人。贤者识其大者，不贤者识其小者。莫不有文武之道焉。夫子焉不学？而亦何常师之有？"
>
> ——《子张》

注释

①卫公孙朝：卫国的大夫公孙朝。

②仲尼：孔子的字。

③文武：周文王、周武王。

译文

卫国的公孙朝向子贡问道："仲尼的学问是从哪里学的？"子贡说："周文王和周武王之道，并没有失传，还留存在人间。贤能的人掌握了其中重要部分，不贤能的人只记住了细枝末节。周文王和周武王之道是无处不在的，老师从哪儿不能学呢？而且又何必有固定的老师呢？"

点评

这一章在讨论孔子的学问继承自哪里，子贡认为孔子没有老师，如果非要给孔子找老师的话，那他继承的是周文王、周武王的圣人之道。

子贡这段话再明显不过地说明了儒家文化的源头就是周朝的礼乐文化，祖师爷就是周公。难怪孔子对周王朝的礼乐制度是那么留恋，对周文王、周武王，尤其是周公是那么尊崇怀念。孔子继承了周朝礼乐文化的一些思想，并且不断身体力行去体会、去实践，最终才融合成孔子自己的学问，成就了孔子的圣人之道。

原文

叔孙武叔①语大夫于朝，曰："子贡贤于仲尼。"子服景伯②以告子贡。子贡曰："譬之宫墙③，赐之墙也及肩，窥见室家之好。夫子之墙数仞[rèn]④，不得其门而入，不见宗庙之美，百官⑤之富。得其门者或寡矣。夫子之云，不亦宜乎！"

——《子张》

注释

①叔孙武叔：姬姓，名州仇，又被称为叔孙州仇，谥武，叔孙氏第八代宗主。鲁国的司马，"三桓"之一，比较反对孔子的主张。

②子服景伯：鲁国大夫。姓子服名伯，景是他的谥号。

③宫墙：宫也是墙。围墙，不是房屋的墙。

④仞：古时七尺为一仞，一说八尺为一仞，一说五尺六寸为一仞。这里的"尺"也是古代的长度计量单位，历朝历代尺的长度有所不同，从19.91厘米到35厘米不等。

⑤官：这里指房舍。

译文

叔孙武叔在朝廷上对大夫们说："子贡比仲尼更贤。"子服景伯把这一番话告诉了子贡。子贡说："拿围墙来作比喻，我家的围墙只有齐肩高，从墙外就可以看到里面房屋的美好。老师家的围墙却有几仞高，如果找不到门进去，你就看不见里面宗庙的富丽堂皇和房屋的绚丽多彩。能够找到门进去的人并不多，叔孙武叔那么讲，不也是很自然的吗？"

叔孙武叔比较反对孔子的主张，把孔子当作敌人，经常诋毁孔子。这段话中，叔孙武叔表面上是在点评孔子和子贡，实际上是暗中挑拨师徒二人的关系，这个问题不管子贡是承认还是否认，都会得罪人。

但子贡的回答非常合适，他没有直接否认叔孙武叔的话，而是把自己和老师孔子都比喻成围墙里的房子。子贡的潜台词是，我们点评别人不好的时候，也有可能是因为自己位置层次太低了，看不到别人的好。子贡不但巧妙地保住了孔子和自己的面子，还反过来讽刺了叔孙武叔，让叔孙武叔自食其果。子贡真不愧是孔子的弟子。

　　叔孙武叔毁仲尼。子贡曰："无以为也！仲尼不可毁也。他人之贤者，丘陵也，犹可逾也；仲尼，日月也，无得而逾焉。人虽欲自绝，其何伤于日月乎？多①见其不知量也。"

——《子张》

① 多：用作副词，只是的意思。

　　叔孙武叔毁谤仲尼。子贡说："（这样做）是没有用的！仲尼是毁谤不了的。别人的贤德好比丘陵，还可超越过去，仲尼的贤德好比太阳和月亮，是无法超越的。虽然有人要自绝于日月，（但这）对日月又有什么损害呢？只是表明他不自量力而已。"

　　叔孙武叔在堕[huī]三都的事上和孔子产生了矛盾，所以不遗余力地诋毁、诽谤孔子，想败坏孔子的声誉。关键时候，又是子贡站了出来，以一个巧妙的比喻化解了攻击，维护了老师。

　　子贡的话巧妙地把老师的德行和日月相比，这样的类比已经是无以复加的荣耀了。孔子是道德楷模，他在生前就得到了弟子们的敬仰。所以当有人诋毁孔子的时候，弟子们都会站出来为老师辩护。而子贡，无疑是最优秀的那个。

原文

公伯寮^①愬_[sù]^②子路于季孙。子服景伯以告，曰："夫子固有惑志于公伯寮，吾力犹能肆诸市朝^③。"子曰："道之将行也与，命也。道之将废也与，命也。公伯寮其如命何！"

——《宪问》

注释

①公伯寮：姓公伯名寮，字子周，孔子的学生，与子路同做季氏的家臣。

②愬：同"诉"，诽谤、进谗言。

③肆诸市朝：古时处死罪人后陈尸示众。

译文

公伯寮向季氏进谗言说子路的坏话。子服景伯把这件事告诉了孔子，说："季氏已经被公伯寮迷惑了，以我的力量能够把公伯寮杀了，把他陈尸于市。"孔子说："道（如果）将要实行，是天命决定的；道（如果）将要被废弃，也是天命决定的。公伯寮能把天命怎么样呢？"

点评

公伯寮真是一个可恶的小人，属于师门的叛徒。但是如果孔子因为他背弃了自己，就让人去杀了他，陈尸大街，这就不是孔子了。孔子拒绝了子服景伯的建议，没有追究公伯寮的责任。孔子是一个很能分清是非，很能懂得把握分寸的人，这也是他成为圣人的一个原因。

而且在本章里，孔子又一次谈到自己的天命思想。"道"能否推行，在天命而不在人为，即所谓"谋事在人，成事在天"。

原文

陈子禽谓子贡曰："子为恭也，仲尼岂贤于子乎？"子贡曰："君子一言以为知①[zhì]，一言以为不知[zhì]，言不可不慎也。夫子之不可及也，犹天之不可阶而升也。夫子之得邦②家③者，所谓立之斯立，道④[dǎo]之斯行，绥之斯来，动之斯和。其生也荣，其死也哀，如之何其可及也？"

——《子张》

注释

①知：同"智"，聪明智慧。
②邦：诸侯统治的地区。
③家：卿大夫统治的地区。
④道：同"导"，引导，教化。

译文

陈子禽对子贡说："你太谦恭了，仲尼难道比你还有才能吗？"子贡说："君子一句话可以表现出聪明，一句话也可以表现出不聪明，所以说话不能不慎重。我的老师没人赶得上，就好像青天无法通过阶梯登上去一样。假如老师得到国家（治理权的话），说要立于礼，百姓就立于礼；引导百姓，百姓就跟着实行；安抚百姓，百姓就会来归服；动员百姓，百姓就会协力同心。他活着时荣光，死了令人哀痛，别人怎么可能赶得上他呢？"

点评

陈子禽，就是陈亢，不知道出于什么目的，他对子贡说出了"仲尼岂贤于子乎"这样的话。子贡是最崇拜老师的弟子，最近几章讲的都是子贡褒扬自己老师孔子的话，他之前把孔子比喻成高高的宫墙，比喻成日月，这次，他又有了新的比喻，干脆直接把孔子比作上天。天的特点是包容万物，引导万物，无所不能。正是在弟子这样一次比一次高的评价中，孔子的地位越来越高，形象越来越高大、光辉。

原文

子曰："贤者辟①世，其次辟地，其次辟色，其次辟言。"子曰："作者②七人③矣。"

——《宪问》

注释

①辟：同"避"，逃避。

②作者：这样做的人。

③七人：一种说法是，这七人指的是伯夷、叔齐、虞仲、夷逸、朱张、柳下惠、鲁少连。

译文

孔子说："贤人逃避动荡的社会而隐居，次一等的逃避到另外一个地方去，再次一点的逃避别人难看的脸色，再次一点的回避别人难听的话。"孔子又说："这样做的已经有七个人了。"

点评

这一章里讲为人处世的道理。不如意事常八九，遇到难处了怎么办？这一章是孔子给弟子们的一个答案。从客观意义上，从言到色到乱邦乱世，情形渐渐恶劣。从主观上看，从辟言到辟色、辟地、辟世，心情越来越冷，态度越来越决绝。

孔子的经历和这些隐士差不多，都是看到世界的黑暗而内心绝望。但他们具体的做法却不一样。隐士们觉得这个世界没有救了，就自己躲了起来，美其名曰"不与世俗同流合污"。但孔子并没有消极避世，而是"知其不可而为之"，迎难而上，越是黑暗，他越要做这黑暗世界里的光。这也许就是为什么孔子最终成为圣人。从这里也能看到圣人高于贤人或隐士的地方。

原文

> 楚狂接舆①歌而过孔子曰:"凤兮凤兮! 何德之衰? 往者不可谏,来者犹可追。已而已而! 今之从政者殆而!"
>
> 孔子下, 欲与之言。趋而辟之, 不得与之言。
>
> ——《微子》

注释

①接舆: 楚国的隐士。一说他姓接名舆, 一说因他接孔子之车而歌, 所以称他接舆。

译文

楚国的狂人接舆唱着歌经过孔子的车子, 说:"凤凰啊, 凤凰啊! 为什么道德如此衰微, 过去的已经不能挽回, 未来的还来得及改正。算了吧, 算了吧! 现在那些从政的人危险呀!"

孔子下车, 想要同他说话。接舆快走几步避开了孔子, 孔子没能同他交谈。

点评

楚狂接舆到底是谁, 有很多说法, 能够确定他是楚国的隐士。据说, 他因对当时黑暗动荡的社会状况不满, 剪去头发, 假装癫狂。他靠装疯脱离了现实, 逃离了官场, 表明了他坚决不与统治者合作的决心。所以接舆代表的是出世。

而孔子更倾向于入世, 他要用自己的力量为这个日益混乱的社会做一点什么。即使不能挽回颓势, 也要尽力而为。孔子并不排斥楚狂接舆的做法, 甚至给予隐士们一定的赞赏。但孔子却不肯效仿这些隐士的做法, 为了实现自己的理想, 为了推行心中的大道, 孔子一直在苦苦地求索。

原文

长沮[jū]、桀溺[jié nì]耦[ǒu]而耕②，孔子过之，使子路问津③焉。长沮曰："夫执舆④者为谁？"子路曰："为孔丘。"曰："是鲁孔丘与？"曰："是也。"曰："是知津矣⑤。"问于桀溺。桀溺曰："子为谁？"曰："为仲由。"曰："是鲁孔丘之徒与？"对曰："然。"曰："滔滔者天下皆是也，而谁以易⑥之？且而⑦与其从辟人之士也，岂若从辟世之士哉？"耰⑧[yōu]而不辍。子路行以告。夫子怃[wǔ]然⑨曰："鸟兽不可与同群，吾非斯人之徒与而谁与？天下有道，丘不与易也。"❹

——《微子》

注释

①长沮、桀溺：两位隐士，真实姓名和身世不详。

②耦而耕：两个人合力耕作。

③津：渡口。

④执舆：执辔（揽着缰绳），本是子路的任务，因为子路下车去问渡口，暂时由孔子代替。

⑤是知津矣：这话是认为孔子周游列国，应该熟悉道路。

⑥易：改变。

⑦而：同"尔"，意思是"你"，指子路。

⑧耰：播下种子后，用土覆盖上，再用耙将土弄平，使种子深入土里。

⑨怃然：失意的样子。

　　长沮和桀溺并肩耕地，孔子从他们那里经过，让子路去打听渡口在哪儿。长沮说："那个驾车的人是谁？"子路说："是孔丘。"长沮又问："是鲁国的孔丘吗？"子路说："是的。"长沮说："他应该知道渡口在哪儿。"子路又向桀溺打听，桀溺说："你是谁？"子路说："我是仲由。"桀溺说："是鲁国孔丘的学生吗？"子路回答说："是的。"桀溺就说："普天之下到处都像滔滔洪水一样混乱，和谁去改变这种状况呢？况且你与其跟从逃避坏人的人，还不如跟从逃避污浊尘世的人呢。"说完，还是不停地用土覆盖播下去的种子。子路回来告诉了孔子。孔子怅然若失地说："人是不能和鸟兽合群共处的，我不和世人在一起又能和谁在一起呢？如果天下有道，我就不和你们一起来改变它了。"

点评

　　孔子和长沮、桀溺的追求是不一样的。这些隐士追求的是不与世俗同流合污，而孔子是想通过自己和学生们的努力去改变这个黑暗的世界。所以，孔子在受到那么多非议的情况下，在明知道前途渺茫的情况下，在看到环境是多么不利于他的情况下，依然能够坚持自我，依然去努力做好每一件事。

　　这一章还是这些隐士对孔子的劝喻，孔子尊敬这些避世隐居、洁身自好的人，同时也说明自己积极入世的理由。尤其是最后一段的回答反映了孔子希望天下清平的情怀，他的积极入世不是为了自己，而是要救天下万民于水火之中。

原文

子路从而后，遇丈人，以杖荷蓧①[diào]。子路问曰："子见夫子乎？"丈人曰："四体不勤，五谷②不分，孰为夫子？"植其杖而芸③。子路拱而立。止子路宿，杀鸡为黍而食之，见其二子④焉。明日，子路行以告。子曰："隐者也。"使子路反见之。至，则行矣。子路曰："不仕无义。长幼之节，不可废也；君臣之义，如之何其废之？欲洁其身，而乱大伦。君子之仕也，行其义也。道之不行，已知之矣。"

——《微子》

注释

①蓧：古代在田中除草的工具。

②五谷：古书中有不同的说法，最普通的一种指稻、黍、稷、麦、菽。稻、麦是主要粮食作物；黍是黄米；稷是粟，一说是高粱；菽是豆类作物。

③芸：同"耘"。

④见其二子：使其二子出来见客。

译文

子路跟随孔子出行，落在了后面，遇到一个老人，老人用手杖挑着除草用的工具。子路问道："您看见我的老师了吗？"老人说："四肢不劳动，五谷分不清，谁是你的老师呢？"说完，把手杖插在地上开始锄草。子路拱着手站在一边。老人便留子路到他家中住宿，杀鸡做饭给子路吃，还叫他的两个儿子出来相见。第二天，子路赶上了孔子，并把这事告诉了他。孔子说："这是个隐士。"叫子路返回去再见他。子路到了那里，他已经出门了。子路说："不出来做官是不义的。长幼之间的礼节，不可以废弃；君臣之间的道义，又怎么可以废弃呢？本想保持自身纯洁，却破坏了重大的伦理道德。君子出来做官，是为了实行君臣之义。至于我们的政治主张行不通，是早就知道的了。"

点评

这一章又是隐士和孔子之间观点的交锋。有人认为这一章中老丈所说的"四体不勤，五谷不分"是劳动人民对孔子的批判，这恐怕是理解上的问题。其实，本章的要点不在于此，而在于后面子路所做的总结。子路认为，隐居山林是不对的，老丈与他的儿子的关系仍然保持，却抛弃了君臣之间的关系。这种隐居的做法，不是儒家所提倡的。

孔子所处的时代是混乱而野蛮的，为求自保，很多人都选择了归隐。但孔子绝不放弃，他兴办私学，召集天下的英才，聚集社会的精英，企图构建一个"仁"治的理想社会。

孔子认为，君子之所以要从政做官，就是为了推行"道义"，这是更高层次的追求，并不是为了一己之私去追求高官厚禄。从这里也可以看到孔子伟大的救世精神，这种精神让孔子有别于一般的哲学家，成为圣人。

原文

> 达巷党人①曰："大哉孔子！博学而无所成名。"子闻之，谓门弟子曰："吾何执？执御乎？执射乎？吾执御矣。"
>
> ——《子罕》

注释

①达巷党人：古代五百家为一党，达巷是党名。这是指达巷党这地方的人。

译文

达巷党这个地方有人说："孔子真伟大啊！他学问渊博，因而不能以某一方面的专长来称赞他。"孔子听说了，对他的学生说："我要专长于哪个方面呢？驾车呢，还是射箭呢？我还是驾车吧。"

点评

孔子这句话有两方面的理解。一方面，孔子一直强调"君子不器""君子多乎哉？不多也"，都是在说，君子不能是一个技术工人，而是要去做个追求"道义"的人，如果君子只满足于眼前的小利益，就会影响他公正的判断。

另一方面，孔子这样说也是在谦虚。孔子博学多才，精通六艺，也正因如此，孔子在各方面的才能都显得不是很突出，让达巷党人产生了"博学而无所成名"的误解。面对这种不知道是称赞还是讥讽的话，孔子的回答很有趣："与射箭相比，我还是比较擅长驾车啊！"按照朱熹的注解，射、御都在六艺之中，但善射者位尊，而执御者卑，孔子这么说是谦虚的体现。

原文

> 仪封人请见①，曰："君子之至于斯也，吾未尝不得见也。"从者见之②。出曰："二三子③何患④于丧乎？天下之无道也久矣，天将以夫子为木铎⑤[duó]。"
>
> ——《八佾[yì]》

注释

①仪封人请见：仪，地名。封人，镇守边疆的小官。请见，请求会见孔子。

②从者见之：从者，随从之人；见之，让他被接见。

③二三子：你们这些人。

④患：忧愁，担心。

⑤木铎：以木为舌的铜铃，古代宣布政教法令时，巡游振响铜铃以引起众人注意。在这里比喻宣扬教化的人。

译文

仪地的一个小官请求会见孔子，说："凡是到这个地方的君子，我没有不求见的。"孔子的学生们领他去见孔子，出来以后，他说："你们几位为什么担心失去官位呢？天下无道已经很久了，因此上天将以孔夫子为圣人来教化天下。"

点评

这件事发生在孔子被免官开始周游列国之时，当时孔子的名声已经传遍列国，慕名而来请教的人非常多。这个仪封人在跟孔子见面之后，非常佩服孔子，坚信孔子就是代替上天向世人传经授道的。仪封人说"天将以夫子为木铎"，可以说是孔子的知音了。

仪封人的话一语成谶，预言了后面两千年孔子跟中国人的关系。孔子活着的时候，就像一块大磁铁，吸引了无数优秀的人物围绕在他的周围。这些为改变当时的世界尽了自己的一份力。孔子去世之后，影响越来越大。两千多年来，他成为一面旗帜，代表着东方文化。天将以夫子为木铎——这两千多年，木铎一直召唤着我们，凝聚着我们，使我们成为中国人。不论在何方何地，只要我们能够响应着夫子敲响的木铎，就知道我们是中华的子孙，是受儒家思想浸润的中国人。

精选真题

❶ **2020 年广西壮族自治区河池市宜州区中考三模**

下列有关传统文化常识的表述，不正确的一项是（　　）（共3分）

A.　人们常用"数九寒天"来指冬天天气最冷的时候。"数九"是从冬至开始。

B.　在人际交往中，初次见面用"久仰"，好久不见用"久违"，中途先走叫"失陪"。

C.　汉语中常用"烽烟"代指战争，"手足"代指兄弟，"鸿雁"代指书信。

D.　受《论语》的影响，后人常用"而立""不惑""耳顺"之年分别代表三十、四十和五十岁。

❷ **2019 年安徽省合肥市中考一模**

阅读文章，回答问题。

　　子曰："女奚①不曰，其为人也，发愤忘食，乐以忘忧，不知老之将至云尔。"

（《论语·述而》）

　　子曰："士志于道，而耻②恶衣恶食者，未足与议也。"

（《论语·里仁》）

　　曾子曰："以能问于不能；以多问于寡；有若无，实若虚；犯而不校③。昔者吾友尝从事于斯矣。"

（《论语·泰伯》）

【注】①奚：为何。②耻：以……为耻辱。③校：计较。

38

（1）解释下列加点的词语。（1分）

①尝从事于斯矣

②女奚不曰

（2）翻译下列句子。（1分）

而耻恶衣恶食者，未足与议也。

（3）上文对于学习过程中，遇到的吃穿等困难，分别持什么态度？（用
　　 文中词句回答）（1分）

（4）学问学问，贵在勤学好问。联系上文，结合你的实际，谈谈你应当
　　 怎样向他人虚心请教。（2分）

❸ 2023年北京市东城区高考一模

阅读下面《论语》中的文字，回答问题。（共6分）

　　子曰："不患无位，患所以立。不患莫己知，求为可知也。"

（《论语·里仁》）

　　子曰："三年学，不至于谷，不易得也。"

（《论语·泰伯》）

　　子贡曰："有美玉于斯，韫椟而藏诸？求善贾而沽诸？"子曰："沽之
哉！沽之哉！我待贾者也。"

（《论语·子罕》）

（1）请结合上面的材料，概述孔子对出仕的看法。

（2）请结合孔子对出仕的看法，谈谈下面材料中漆雕开表示对出仕没有
　　 信心，为什么孔子却感到高兴。

　　子使漆雕开仕。对曰："吾斯之未能信。"子说。

（《论语·公冶长》）

阅读下面《论语》中的文字，回答问题。

长沮、桀溺耦而耕，孔子过之，使子路问津焉。

长沮曰："夫执舆者为谁？"

子路曰："为孔丘。"

曰："是鲁孔丘与？"

曰："是也。"

曰："是知津矣。"

问于桀溺。

桀溺曰："子为谁？"

曰："为仲由。"

曰："是鲁孔丘之徒与？"

对曰："然。"

曰："滔滔①者天下皆是也，而谁以易之？且而与其从辟人之士也，岂若从辟世之士哉？"耰而不辍。

子路行以告。

夫子怃然②曰："鸟兽不可与同群，吾非斯人之徒与而谁与？天下有道，丘不与易也。"

（《论语·微子》）

【注】①滔滔：比喻世上的纷乱。②怃然：怅然若失的样子。

（1）解释文中"知津"的含义。（2分）

（2）根据文意，简要回答孔子"怃然"的原因。（4分）

2月

01 日

　　一月，我们认识了信念执着、追求理想的孔子，二月来看看孔门弟子。

　　据说，孔子教过的弟子有三千人，其中成才的有七十二人（后世称之为"七十二贤人"）。这些弟子各有所长，也各有特点，他们向孔子提出各种各样的问题，孔子一一解答，有时候还会对弟子或者事件做出评价。子贡、子路、颜回、闵子骞、冉伯牛这些名字将经常出现，正是有了他们及其他弟子，孔子的思想才能传承至今。

　　孔子和弟子的对话在《论语》中占了绝大篇幅，从孔子的评论中，大家对孔子和他的思想，会有更深刻的认知。

原文

德行：颜渊、闵子骞[qiān]、冉伯牛、仲弓。言语①：宰我、子贡。政事：冉有、季路。文学②：子游、子夏。

——《先进》

注释

①言语：指外交辞令。
②文学：指文献研究。"文"特指《诗》《书》《礼》《易》等古代文献。

译文

（孔子的学生各有所长，）德行好的有颜渊、闵子骞、冉伯牛、仲弓。擅长外交发言的有宰我、子贡。能处理政事的有冉有、季路。熟悉古代文献的有子游、子夏。

点评

这里提到的十个弟子，后世把他们称为"孔门十哲"。作为一个教育家，能培育出这么多人才，孔子所取得的成就堪称空前绝后。但悲哀的是，一个同时被这么多人才尊敬的人，却反而引起了诸侯的忌惮，真是"成也萧何，败也萧何"。

原文

宰我①问曰："仁②者，虽告之曰：'井有仁焉。'其从之也？" 子曰："何为其然也？君子可逝③也，不可陷④也。可欺⑤也，不可罔⑥也。" ⑤

——《雍也》

注释

①宰我：宰予，字子我，通称宰我。"孔门十哲"之一，擅长外交辞令。

②仁：一说特指仁人；一说同"人"，泛指任何人。

③逝：往，前去。

④陷：陷害。

⑤欺：欺骗。

⑥罔：迷惑。

译文

宰我问："如果有人告诉一个仁者，'井里有一个仁人'，他会跟着（跳）下去吗？" 孔子说："为什么要这样做呢？君子可以前去（施救），但不会被陷害（傻傻地跳进井里）；他可以被欺骗，却不会被愚弄。"

点评

如果君子因为仁义，在可能被欺骗的情况下被卷入危险，那他还应该坚持仁义吗？孔子的回答是当然要坚持，因为君子有头脑。君子救人，一定是尽力让所有人包括自己都能活下来，这叫可逝不可陷。而且君子明白自己的选择意味着什么，就算被骗，他的仁道也不会动摇，这叫可欺不可罔。

原文

子华①使②于齐，冉子③为其母请粟④。子曰："与之釜⑤[fǔ]。"请益⑥。曰："与之庾⑦[yǔ]。"冉子与之粟五秉⑧[bǐng]。子曰："赤之适⑨齐也，乘肥马，衣⑩[yì]轻裘⑪。吾闻之也，君子周⑫急不继富。"

——《雍也》

注释

①子华：公西赤，字子华，又称公西华。孔子早年弟子，"七十二贤人"之一。

②使：出使。

③冉子：冉求，字子有，通称"冉有"，尊称"冉子"。"孔门十哲"之一，擅长处理政事。

④粟：小米。古文中粟米同时出现时，粟有壳，米无壳。单用粟时，就是小米。

⑤釜：古代的一种量器，坛形，小口大腹，有两耳。此处作量词用，一釜在先秦是六斗四升，按出土文物齐国禾子釜的容量，相当于现在的二十升，能容纳三十斤米，可供一个人吃一个月。

⑥益：增加。

⑦庾：古代计量单位，一说一庾是二斗四升，一说一庾是十六斗。

⑧秉：古代计量单位，一般认为一秉有一百六十斗。五秉约有三千七百斤米。

⑨适：去。

⑩衣：作动词，穿着。

⑪轻裘：又轻又暖的皮衣。

⑫周：救济。

公西华出使齐国，冉有请求孔子给他的母亲一些小米。孔子说："给她一釜的米。"冉有请求孔子多给一点。孔子说："那再给她一庾。"冉有实际却给了公西华的母亲五秉的米。孔子（知道后）说："赤到齐国去，坐着肥马拉的车，穿着又轻又暖的皮衣。我听说过，君子会救济急需帮助的人，却不会帮助富人更富。"

点评

君子救济那些急需帮助的人，但不会帮助有钱人更加富有。这就是孔子的理念。他是吝啬吗？当然不是。这样的理念背后，折射出的精神是什么？是公平，是社会整体的公平。君子周急不继富的最终目的，就是防止社会贫富分化过大。不患寡而患不均，这是孔子先进的人道主义思想之一。

原文

季子然①问："仲由、冉求可谓大臣与[yú]？"子曰："吾以子为异②之问，曾③[zēng]由与求之问。所谓大臣者，以道事君，不可则止。今由与求也，可谓具臣④矣。"曰："然则从之者与？"子曰："弑父与君，亦不从也。"❼

——《先进》

注释

①季子然：季氏族人，具体身份不可考。季氏是鲁国三大家族之一。三大家族同为桓公之后，合称"三桓"。孔子在世时，鲁国国政被操纵在以季氏为首的"三桓"手中。

②异：其他，不同。

③曾：乃，竟然。

④具臣：备位充数之臣。滥竽充数，不能有作为的臣子。

译文

季子然问："仲由、冉求可以称得上是大臣吗？"孔子说："我还以为你会问些别的呢，竟然是问仲由和冉求啊！所谓的大臣，应该能以道事君，如果做不到就辞职不干了。如今仲由和冉求（做不到这样），只能算是滥竽充数，不能有大作为的臣子罢了！"季子然又说："那么，他们会顺从季氏吗？"孔子说："（让他们做）弑父弑君这样的事，他们也不会顺从。"

点评

这段对话里有一句非常重要的话"以道事君，不可则止"。传统印象里，儒生都非常忠君爱国，甚至到了"君要臣死，臣不得不死"的地步。但其实孔子从来没有提出过这样的说法，在孔子看来，忠君爱国固然重要，但不能因此违背了君子的道义。因为儒家的终极目标是匡扶人间正道，还天下百姓以安宁。

46

原文

> 子贡曰："我不欲人之加^①诸^②我也，吾亦欲无加诸人。"子曰："赐
> 也，非尔所及也。"
>
> ——《公冶长》

注释

①加：凌驾，凌辱。
②诸：之于，给。

译文

　　子贡说："我不想别人欺辱我，我也不想欺辱别
人。"孔子说："赐啊，这不是你能做到的。"

点评

　　孔子一直教导学生反求诸己，也就是遇到事了，先反省自己的过失，
加以改正，而不是责怪别人。强调从"我"出发，修炼自己。孔子认为
我不欺辱别人，这是修炼自身推己及人的宽仁之道，子贡还能勉强做到。
但不想别人欺辱我，这是改变世界的客观现实，就是圣人也难以做到。
所以孔子是说子贡或许能做到不欺辱别人，但却做不到让别人不欺辱他。

原文

宰予昼寝①。子曰："朽木不可雕也，粪土②之墙不可杇[wū]③也。于予与[yú]何诛④？"子曰："始吾于人也，听其言而信其行；今吾于人也，听其言而观其行。于予与改是。" 👤👤

——《公冶长》

注释

①昼寝：白天睡觉。

②粪土：废土、秽土。

③杇：抹墙的工具，此处作动词，表示抹平、粉刷。

④诛：谴责。

译文

宰予在白天睡觉。孔子说："（宰予就像）腐烂的木头不能再雕刻，用秽土做成的墙壁不能再粉刷。（对于宰予这样的人，）我还能谴责他什么呢？"孔子还说："一开始我对人，听了他的话，就相信他的行为；现在我对人，听了他的话，还要观察他的行为。这都是宰予改变了我的态度啊。"

点评

宰予能说会道，可是经常有违孔子倡导的仁义礼乐，孔子对这个调皮的学生应该也十分无奈，所以才会说出这么重的话。学生改变了老师的三观，对老师和学生来说，恐怕都是一个沉重的打击。从现代来看，白天睡觉也不是什么特别大的毛病，孔子要是看到现在的课堂，估计会气得更加难以收拾了。但是孔子在这里说出了一个观察人的有效的办法，那就是听其言，还要观其行。

原文

> 闵子①侍侧，訚訚②[yín]如也；子路，行行③[hàng]如也；冉有、子贡，侃侃④如⑤也。子乐[lè]。"若由也，不得其死⑥然。"
>
> ——《先进》

注释

①闵子：名损，字子骞。"孔门十哲"之一。以孝闻名。

②訚訚：中正，恭敬而正直。

③行行：刚强。

④侃侃：和乐。

⑤如：形容词词尾，相当于"然"，……的样子。

⑥不得其死：得死为善终，不得其死，即为不得善终。

译文

闵子骞在孔子身边侍奉的时候，是恭敬而正直的样子；子路是刚强的样子；冉有、子贡是和乐的样子。孔子很高兴，但又说："像仲由这样的人，（恐怕）会不得好死啊。"

点评

孔子这可不是在诅咒子路，而是在表达对子路的担心。老子也说过一句类似的话，叫"强梁者不得其死"。强梁就是勇猛刚强的意思。自古以来社会就有一种不好的现象——人们会排挤甚至攻击冒尖的人。所以孔子为什么老是批评子路，就是担心他的安危，希望他能刚中有柔。这是老师对学生的一种保护。

原文

> 子曰："道不行，乘桴①浮于海。从我者，其由与？"子路闻之喜。子曰："由也，好勇过我，无所取材。"
>
> ——《公冶长》

注释

①桴：竹木筏子。

译文

孔子说："（如果我的）道行不通了，（我想）坐个小木筏到海外去，能跟随我的，恐怕只有仲由了吧！"子路听到这话很高兴。孔子说："仲由啊，你（真是）比我还勇敢，可惜我们找不到渡海用的木材啊。"

点评

孔子也有灰心丧气的时候。他说："能跟随我的，恐怕只有仲由了吧！"这对子路是非常大的肯定和称赞，而且也充分表明了孔子对子路的信任。

最后一句话里的"材"，学界有不同的看法，有人认为"材"是"哉"的通假字，也有学者检索先秦所有典籍，没有这种通假的情况，就取其木材的本义。这里选后者，这一章重在表现孔子和子路两人的心意相通，以及孔子心有无奈却执着于道的坚守。

原文

> 子谓子贱①："君子哉若人！鲁无君子者，斯焉取斯？"⑧
>
> ——《公冶长》

注释

①子贱：宓[fú]不齐，字子贱。孔门"七十二贤人"之一。

译文

孔子评论子贱说："这人真是个君子呀！（如果）鲁国没有君子，他从哪里取得这些品德呢？"

点评

鲁国曾经是周公的封地，是君子之乡，君子之风盛行，又出了孔子这样的圣人。子贱生长在鲁国，受鲁国文化思想的影响，潜移默化中也培养了美好的品德。这一章孔子既是在表扬他的弟子子贱，也是在表达自己对鲁国的爱，对鲁国君子之风的推崇。

2月
11日

子使漆雕开①仕。对曰："吾斯之未能信。"子说②[yuè]。③

——《公冶长》

①漆雕开：字子开，又字子若，又说作子修。孔子的学生，"七十二贤人"之一。漆雕氏之儒的创始人，著有《漆雕子》十三篇。

②说：同"悦"，喜悦。

译文

孔子叫漆雕开去做官。他答道："我对这个还没有信心。"孔子（听了）很高兴。

点评

孔子高兴的是漆雕开能致力于学术，而不在功名利禄上钻营。孔子虽然鼓励学生们都去做官，但并不希望弟子们盲目从政。在他看来，办学传道一样可以创立不朽的功业。所以当他看到漆雕开委婉地表达出不愿意从政，想研究学术的想法后，他由衷地为弟子的选择感到欣慰。而事实也证明，漆雕开的选择是正确的。《韩非子》记载，孔子死后，儒家学派一分为八，其中就有以漆雕开为代表的漆雕氏之儒，为传播和发展儒学做出了不小的贡献。

原文

子谓南容①："邦有道，不废；邦无道，免于刑戮。"以其兄之子妻[qì]之。

——《公冶长》

注释

①南容：南宫适[kuò]，又名韬，字子容，亦称南容，孔子的弟子和侄婿，孔门"七十二贤人"之一。

译文

孔子评价南容说："国家有道，（他肯定能做官，）不会被废弃；国家无道，（他）也可以免于刑罚。"于是把自己的侄女嫁给他。

点评

从嫁女的角度上来讲，南容这样谨言慎行的人，太平的时候总会有一番作为，足以养活家小；乱世的时候，他能不得罪别人，可以免于刑戮，全身而退。抛开爱情而言，是安身立命的良配，孔子因此决定了侄女的终身大事。这个决定体现出孔子的选人标准中，稳重是非常重要的条件。这一点你是否赞同呢？

原文

子谓公冶长①：“可妻[qì]也。虽在缧绁②[léi xiè]之中，非其罪也。”以其子妻[qì]之。

——《公冶长》

注释

①公冶长：公冶长，复姓公冶，名长，字子芝，孔子的弟子和女婿，孔门“七十二贤人”之一。
②缧绁：捆绑犯人的黑绳索。借指监狱。

译文

孔子评价公冶长说：“可以把女儿嫁给他。他虽然曾被关在监狱里，但这不是他的罪过。”（然后）便把自己的女儿嫁给了他。

点评

大家看这句话会很迷惑，就因为公冶长被冤入狱，孔子就把女儿嫁给了他？实际上，《论语》只是选录了孔子说的话，只记录了这件事的一个侧面。《孔子家语》里就说：“公冶长，鲁人，字子长。为人能忍耻。孔子以女妻之。”意思是说，公冶长为人能忍受耻辱，孔子因此把女儿嫁给了他。这充分说明孔子嫁女肯定还经过了更详细的考察和思考，公冶长也一定有他的过人之处。这一章里说孔子看重一个人的德行才干，不计较他是不是坐过牢，主动把女儿嫁给对方，这也体现出孔子超越凡人的气度。

原文

> 子谓仲弓①曰："犁牛②之子骍③[xīng]且角④，虽欲勿用，山川其⑤舍诸⑥？"

——《雍也》

注释

①仲弓：冉雍，字仲弓。"孔门十哲"之一，德行优秀。和冉伯牛、冉有是同宗。

②犁牛：一说是毛色驳杂的牛；一说是耕牛。

③骍：赤色。

④角：角长得周正。

⑤其：岂，难道。

⑥诸："之乎"的合音。

译文

孔子对仲弓说："耕牛生的一头毛色红亮、牛角周正的牛，（人们）虽然（因为它的出身）不想用它（来祭祀），山川（之神）难道会舍弃它吗？"

点评

孔子这是用犁牛之子比喻仲弓，表示对他的肯定和鼓励。很多史料都提到过仲弓的出身并不好，说仲弓的父亲出身卑贱。但是孔子认为，只要他自己努力进取，长成一个德才兼备的人才，就算身边的人都瞧不起他的出身，天道也不会舍弃他，他的才能终将在天下大放异彩。孔子不在乎弟子是不是出身卑贱，是不是坐过牢，只在乎他的德行才能。这种唯才是举的精神，别说是在春秋，就是在现代，也是非常了不起的举动。

原文

> 鲁人为^①长府^②。闵子骞曰："仍旧贯^③，如之何？何必改作？"子曰："夫人不言，言必有中^④_[zhòng]。"
>
> ——《先进》

注释

①为：改建、翻修。

②长府：藏财货、兵器的仓库叫"府"，长府应是鲁国的国库名。

③贯：事情、事例。

④中：合乎道理。

译文

鲁人要翻修国库。闵子骞说："保持老样子怎么样？何必要翻修呢？"孔子说："这个人平时不爱说话，（但）一开口就一定很中肯。"

点评

翻修长府是劳民伤财的一件事。翻修长府的钱财从何而来？不还是通过加收各种苛捐杂税从百姓手里抢来的。翻修长府的人力也大都是通过徭役，逼迫百姓无偿劳动，期间不知道会饿死、累死多少人。统治者满足了自己的虚荣，却牺牲了百姓的利益。孔子的说法以及闵子骞的坚持，很让人赞同和敬佩。

原文

子曰："孝哉，闵子骞！人不间^①[jiàn]于其父母昆弟^②之言。"

——《先进》

注释

①间：非议。
②昆弟：同"昆仲"，兄和弟。

译文

孔子说："闵子骞真是孝顺呀，连外人都对他父母兄弟称赞他的话没有异议。"

点评

在内，闵子骞的父母兄弟会称赞他的孝顺，在外，其他的人听到这些话后并没有表示反对，说明闵子骞的孝顺真正做到了让人无可挑剔。做事问心无愧很容易，但要让别人不挑剔很难。孟子说过一句话"有不虞之誉，有求全之毁"，意思是说，人会受到意料之外的赞誉，也会因为做得太好反而遭到诋毁。可见要让所有人都满意是很难的。

原文

> 子曰:"片言①可以折②狱者,其由也与!"子路无宿③诺。
>
> ——《颜渊》

注释

①片言:片面之词。

②折:断,判断。

③宿:留。

译文

孔子说:"仅听片面之词就可以断案的,大概只有仲由吧!"子路没有拖了很久不去践行的诺言。

点评

这一章有很多种解释,光是字面意思就有两种。一种是,子路仅听片面之词就可以断案。这个说法不太可靠,古代断案和现在一样,原告被告的证词都要有,缺一不可。孔子这么重视礼法的人,不太可能鼓励子路的这种行为。

所以一些学者选了第二种解释:仅听子路的片面之词就可以断案。因为子路非常看重自己的信誉,答应别人的事,就一定会去办到。孔子这是在夸赞子路诚信,这是目前来说最合理的解释。

原文

子曰："由之瑟，奚为于丘之门？"门人不敬子路。子曰："由也升堂①矣，未入于室②也。"

——《先进》

注释

①堂：古代宫室的前厅。
②室：古代宫室的后屋。

译文

孔子说："仲由弹瑟，为什么在我这里弹呢？"孔子的学生（因此）瞧不起子路。孔子说："仲由（的学问）已经登堂了，只是还没有入室罢了。"

点评

孔子对弟子的回护之情，感人肺腑。孔子总是打击子路，但要是其他弟子对子路不敬，他又赶紧出来维护子路，称赞子路的学问已经很高明了。可见孔子打心眼里是爱护子路的，爱之深责之切，他批评子路只是希望子路的学问能更进一步。

原文

季康子①问:"仲由可使从政也与?"子曰:"由也果②,于从政乎何有?"曰:"赐也可使从政也与?"曰:"赐也达③,于从政乎何有?"曰:"求也可使从政也与?"曰:"求也艺④,于从政乎何有?"

——《雍也》

注释

①季康子:季孙肥,姬姓,季氏,名肥。谥号"康",史称"季康子"。鲁哀公在位时,鲁国公室衰弱,季康子任季氏宗主,是当时鲁国的权臣,位高权重。

②果:果敢决断。

③达:通情达理。

④艺:多才多艺。

译文

季康子问(孔子):"仲由(这个人)可以让他治理政事吗?"孔子说:"仲由果敢决断,让他治理政事有什么困难呢?"(季康子)又问:"端木赐(这个人)可以让他治理政事吗?"孔子说:"端木赐通情达理,让他治理政事有什么困难呢?"(季康子)又问:"冉求(这个人)可以让他治理政事吗?"孔子说:"冉求多才多艺,让他治理政事有什么困难呢?"

点评

这是孔子对弟子的表扬,从中可以看出每个弟子各有才能。同时也表明,在孔子心中,处理政事并不是最难的,仁德才是。孔子对人的评价分两个层级,第一层是能干好事,第二层是道德水平要到很高的境界。达到第一层就足以处理政事了。孔子显然不希望弟子只把目标放在处理政事上,所以他用轻松的语气说"让他们处理政事有什么难的",是希望弟子能更上一层楼,在德行上继续精进。

原文

孟武伯①问:"子路仁乎？"子曰:"不知也。"又问，子曰:"由也，千乘[shèng]之国②，可使治其赋③也。不知其仁也。""求也何如？"子曰:"求也，千室之邑④，百乘之家，可使为之宰⑤也。不知其仁也。""赤也何如？"子曰:"赤也，束带⑥立于朝，可使与宾客言也。不知其仁也。"

——《公冶长》

注释

①孟武伯：孟孙彘[zhì]，姬姓，孟孙氏，名彘。谥号"武"，史称"孟武伯"。鲁哀公在位时，孟武伯任孟氏宗主。是孟子的五世祖。

②千乘之国：乘，古代用四匹马拉的兵车。春秋时期打仗用兵车，车辆的多少往往标志着国家的强弱。千乘之国，即大国。

③赋：兵赋，这里指军事相关的工作。

④邑：小城镇，卿大夫的封地。

⑤宰：县长、总管。

⑥束带：整束衣冠。

译文

孟武伯问（孔子）："子路有没有仁德？"孔子道："不知道。"他又问，孔子说："仲由啊，如果有一个有一千辆兵车的国家，可以叫他负责管理军事。不知道他有没有仁德。"（孟武伯继续问：）"冉求又怎么样呢？"孔子说："冉求啊，一个有千户人口封地和百辆兵车的卿大夫，可以叫求去给他当总管。不知道他有没有仁德。"（孟武伯又问：）"公西赤又怎么样呢？"孔子说："公西赤啊，穿好礼服，立于朝堂之上，可以叫他接待外宾。不知道他有没有仁德。"

　　孔子对弟子的才能非常了解，子路擅长处理军政，冉有擅长处理行政，公西华擅长外交接待，说明他真的做到了因材施教，因势利导，把弟子的长处发挥到了极致。但是，结合上一章不难看出孔子对原则的坚持。他真的不知道弟子们有没有仁德吗？只是不肯轻易把"仁"这个称号许给别人罢了。尽管他打心眼里赞赏这三个弟子的才能，认可他们是对国家有用的人才，可是在孔子心中，他们离"仁"，还有一段距离。

原文

颜渊死，子哭之恸①[tòng]。从者曰："子恸矣！"曰："有恸乎？非夫人之为恸而谁为？"

——《先进》

注释

①恸：本义大哭，此处一说哀伤过度，一说变容，即改变脸色、改变容貌。

译文

颜渊死了，孔子哭得很伤心。跟着孔子来的人说："您伤心得太过了！"孔子说："太伤心了吗？（可是）我不为这样的人伤心，还为什么人伤心呢！"

点评

儒家的理念里有一个非常重要的概念叫"中庸"。"中庸"不是平庸，更不是折中。《礼记·中庸》里说"喜怒哀乐之未发，谓之中；发而皆中[zhòng]节，谓之和"，就是说人的喜怒哀乐等一切情感的表达，都要恰到好处，既不能太少，也不能太多。即便哀悼亲人，也不能太过悲伤。因为如果哀伤过度，会影响自身的身体健康，也无益于对逝者表达思念和尊敬。可是孔子一直把颜回当作自己的接班人在培养，颜回在他心中分量之重，不用这样的哀痛不能表明。

原文

> 子曰："回也，非助我者也，于吾言无所不说①[yuè]。"
>
> ——《先进》

注释

①说：同"悦"，喜悦。

译文

孔子说："颜回不是对我有所帮助的人，他对我的话没有不喜欢的。"

点评

　　一种观点认为孔子是明贬暗褒。寻常学生都会不断问老师问题，问的过程中老师就把道理的精深微妙处讲透了。但颜回能闻一知十，见微知著，不用问孔子，就能想到更精深的道理。孔子语气上很遗憾，但心里其实很高兴。

　　还有一种观点认为孔子就是在批评颜回，鼓励他应该多提出问题和质疑。有道是"独学而无友，则孤陋而寡闻"。有了想法，要主动与别人切磋交流，这样视野才会开阔，学问才会不断精进。

原文

> 子曰："吾与回言终日，不违，如愚。退而省①其私，亦足以发②，回也不愚。"
>
> ——《为政》

注释

①省：观察，检查。
②发：发明，发挥。

译文

　　孔子说："我整天给颜回讲学，他都没有反问，好像很愚笨。（待他）退下，（我）观察他的私人言行，（对我教的）他能有所发挥。颜回并不愚笨呀！"

点评

　　颜回虽然没有提问，但对孔子所教的能有所发挥，可见他不反问，不是因为愚笨，而是因为太聪明了。他不仅听懂了孔子讲的道理，甚至还能发挥出来，在日常生活中践行。如此聪慧，还能知行合一，难怪孔子如此欣赏他。

原文

哀公①问："弟子孰为好学？"孔子对曰："有颜回者好学，不迁怒，不贰②过。不幸短命死矣！今也则亡③[wú]，未闻好学者也。"

——《雍也》

注释

①哀公：鲁哀公（？—公元前468年），姬姓，名将，鲁定公之子，春秋时期鲁国第二十六任君主。
②贰：重复。
③亡：同"无"，没有。

译文

鲁哀公问（孔子）："你的学生中，谁好学？"孔子答道："有一个叫颜回的人好学，不迁怒别人，不犯同样的过错。不幸短命死了！现在就没有（这样的学生了），再也没听过好学的人了。"

点评

儒家教学，重在修心养性。不迁怒说起来容易做起来难，很多人在外面受了气，回到家对家人的态度也不由自主地变差，或者在现实里不顺心，就去网络上当"键盘侠"。这些都是迁怒，是修养功夫不到位，情绪管理不当的体现。不贰过则需要强大的自省能力。先要能意识到自己的错误，还要能通过反思找到改进的办法，最后还要能知行合一，实践出来。

原文

> 子谓子贡曰："女与回也孰愈①？"对曰："赐也何敢望回？回也闻一以知十，赐也闻一以知二。"子曰："弗如也；吾与女弗如也。"
>
> ——《公冶长》

注释

①愈：胜过。

译文

孔子对子贡说："你和颜回，哪一个强些？"子贡回答道："我怎敢和颜回相比？颜回听到一件事，可以推理出十件事，我听到一件事，只能推理出两件事。"孔子说："的确不如他啊，我和你都不如他啊。"

点评

孔子其实经常夸赞弟子有胜过自己的地方，比如他曾对子夏说："颜回在诚信上比我强，子贡在机敏上比我强，子路在勇敢上比我强，子张在庄重上比我强。"子夏就问："那他们为什么要拜您为师呢？"孔子就说："因为我兼有他们的一部分优点，还改掉了其中的缺点。"可见孔子是认可"师不必贤于弟子"的理念的。从两师徒的对话里，既能看到颜回的聪敏优秀，也能看到孔子和子贡的宽广胸襟。

2月
26日

原文

> 子谓颜渊，曰："惜乎！吾见其进也，未见其止也。"
>
> ——《子罕》

注释

①惜：可惜。

译文

孔子谈到颜渊，说："可惜呀！我只看见他不断地进步，从没看见他停止。"

点评

孔子的语气中充满了遗憾，说这句话的时候颜回应该已经去世了。孔子一方面表达了他对颜回生前不断进取的学习精神的赞叹，一方面也流露出他对颜回早早离世的深切惋惜。其实在颜回死后，孔子还说了许多怀念和赞美他的话，可见孔子对他的喜爱之深。

原文

> 子曰："贤哉，回也！一箪①食②[sì]，一瓢饮③，在陋巷，人不堪④其忧，回也不改其乐。贤哉，回也！"⑤
>
> ——《雍也》

注释

①箪：竹子编的小扁筐，圆形，用来盛饭。

②食：饭。

③饮：水。

④堪：忍受。

译文

孔子说："贤德啊，颜回！一竹筐饭，一瓢水，住在简陋的小巷里，别人都受不了这种（穷困清苦生活带来的）忧愁，颜回却不改变他的快乐。贤德啊，颜回！"

点评

孔子曾经说过，了解一个人，要"视其所以，观其所由，察其所安"。"察其所安"就是看他安于什么样的生活，从中就能窥见他的品德。颜回安于贫困，一心求学求大道，这种精神极少有人可以望其项背。朝闻道，夕死可矣。生命是注定要归于尘土，早晚差不过几十年。而孔子和颜回却能通过他们的道，穿越两千年的时光，对现在的人产生影响。他们的心灵早已超越了眼前的陋室，徜徉在万古的历史长河。

原文

> 子曰："回也，其心三月不违仁，其余则日月至焉①而已矣。"
>
> ——《雍也》

注释

①焉：代词，那里。

译文

孔子说："颜回啊，他的心能长期不违背仁德，其余人也就偶尔能到达仁德罢了。"

点评

通常来说大多数人都能坚持做几天或者做一两个月的好事。但时间长了，可能就松懈了，或者遇到困难，就放弃了。颜回却能长期做好事，让心灵久久地停留在仁德的境界，这是了不起的德行。颜回对仁德的理解和坚持，远在同门之上。正是因此，孔子才会给予颜回特别的赞赏，把他当接班人看待，因为只有他真正接近了儒家之道的核心——仁。

精选真题

⑤ 2020 年浙江省统考模拟预测

阅读下面的材料，完成下面小题。

　　材料一： 子见齐衰者、冕衣裳者与瞽者，见之，虽少，必作；过之，必趋。

（《论语·子罕》）

　　材料二： 宰我问曰："仁者，虽告之曰：'井有仁焉。'其从之也？"子曰："何为其然也？君子可逝[①]也，不可陷也。可欺也，不可罔[②]也。"

（《论语·雍也》）

【注】①逝：前往。②罔：迷惑。

（1）"冕衣裳者"是指＿＿＿＿＿＿＿＿＿。孔子遇到上述三类人，"虽少，必作；过之，必趋"，体现孔子＿＿＿＿＿＿＿＿＿之心。

（2）结合材料二，谈谈你对"仁者"的理解。

⑥ 2022 年北京市中考

阅读下面两则《论语》，完成下面小题。

　　子曰："贤哉，回也！一箪食，一瓢饮，在陋巷，人不堪其忧，回也不改其乐。贤哉，回也！"

（《论语·雍也》）

　　子曰："饭疏食，饮水，曲肱而枕之，乐亦在其中矣。不义而富且贵，于我如浮云。"

（《论语·述而》）

（1）下列词语中加点的字，与"不义而富且贵"中"贵"的意思相同的一项是（　　）

A. 达官显贵　　B. 洛阳纸贵　　C. 物以稀为贵　　D. 春雨贵如油

（2）对"饭疏食，饮水，曲肱而枕之，乐亦在其中矣"一句的理解，下列选项中正确的一项是（　　）

A. 蔬菜米饭冷水，弯臂枕书苦读，读书的快乐是人生至乐。

B. 吃粗粮喝冷水，弯着胳膊当枕头，这样的生活也有乐趣。

C. 健康的饮食习惯、劳逸结合的生活状态，是快乐的源泉。

D. 艰苦的物质生活，使人获得心理的满足，从而得到乐趣。

（3）根据两则《论语》及下面两则材料，在后面语段中的横线上填写恰当的内容。

> 材料一：颜子一箪食，一瓢饮，在陋巷，人不堪其忧，而不改其乐。夫富贵，人所爱也，颜子不爱不求，而乐乎贫者，独何心哉？天地间有至贵至爱可求而异乎彼者，见其大而忘其小焉尔。见其大则心泰，心泰则无不足，无不足则富贵贫贱处之一也。
>
> （取材于周敦颐《通书·颜子第二十三》）

> 材料二：初，公未显时，已欲任天下之重。尝曰："士当先天下之忧而忧，后天下之乐而乐。"夫忧人之忧，而欲免其忧，使人皆乐，然后与之同其乐。
>
> （取材于王直《重修范文正公忠烈庙记》）

颜回箪食瓢饮，孔子称赞他"贤哉"，师生二人志同道合。周敦颐认为颜回"不改其乐"的原因是"①＿＿＿＿＿＿＿"。范仲淹汲取孔颜之乐的思想，主张"②＿＿＿＿＿＿＿"。他们倡导的人生追求已成为中华人文精神的重要组成部分。

阅读下面《论语》中的文字，回答问题。(6分)

季子然问："仲由、冉求可谓大臣与？"子曰："吾以子为异之问，曾由与求之问！所谓大臣者，以道事君，不可则止。今由与求也，可谓具臣矣。"曰："然则从之者与？"子曰："弑父与君，亦不从也。"

(《论语·先进》)

子贡问友。子曰："忠告而善道之，不可则止，毋自辱焉。"

(《论语·颜渊》)

（1）根据选文，下列理解与推断，不正确的一项是（　　　）（2分）

A. 听到季子然询问仲由、冉求的任职情况，孔子感到吃惊。

B."具臣"不能做到"以道事君"，但是也不会弑父与君。

C. 孔子认为仲由与冉求有底线，他们的境界高于"大臣"。

D. 从选文可以认识到，孔子在为人处事方面主张适可而止。

（2）根据语境，简要谈谈你对选文中两处"不可则止"的理解。（4分）

下面内容出自《论语·公冶长》，选择其中一条，请结合你阅读过的一部作品，简要谈谈你对这句话的理解。(100字左右)（4分）

（1）子贡问曰："孔文子何以谓之'文'也？"子曰："敏而好学，不耻下问，是以谓之'文'也。"

（2）子曰："晏平仲善与人交，久而敬之。"

（3）子谓子产："有君子之道四焉：其行己也恭，其事上也敬，其养民也惠，其使民也义。"

（4）子谓子贱："君子哉若人！鲁无君子者，斯焉取斯？"

阅读下面材料，根据材料立意，自拟题目，写一篇作文。

我带儿子参观一个木耳生产基地，儿子见一些木头上长满了木耳，便问："这些都是什么木头？"

"不过是些朽木而已。"我说。

"不是说朽木不可雕吗？朽木怎么能长出美丽如花的木耳呢？"儿子问。

"朽木不可雕，那是因为朽木被用在了雕刻上。"我说，"世界上没有真正的朽木，所谓朽木，是因为你明知道它是朽木，却偏要用朽木来做雕刻，而不是把朽木用在适合它的位置上。比如，用朽木来培植木耳，朽木就成了宝。世间万物皆是如此，哪怕是朽木，只要用对了地方，用得其所，朽木也能逢春，朽木也能开出生命的花朵。"

要求：①文体不限（诗歌除外）；②不少于600字；③不得透露个人相关信息。

3 月
01 日

　　春天是充满生机的季节，三月《论语》的主题是"各抒己见"，仿佛
听见孔子那些弟子叽叽喳喳热闹地讨论，聊着对人生的一些思考和看法。
他们汲取孔子的智慧，聆听孔子的教诲，却也有自己独立的思考与判断。
而这些思考与判断，同样很有价值，引人深思。

原文

子贡曰:"君子之过也,如日月之食①焉。过也,人皆见之;更②[gēng]也,人皆仰之。"

——《子张》

注释

①食:同"蚀"。
②更:变更,更改。

译文

子贡说:"君子的过失好比日蚀、月蚀。他犯错误的时候,每个人都看得见;(他)改正之后,每个人(还是)都会仰望(他)。"

点评

君子为什么能坦然地承认自己的错误,并从容地改正呢?因为他接受自己犯错的事实,也很自信;另外,君子有胸怀,能承受质疑和委屈,不怕别人的否定。一般人做不到君子这样,是因为怕别人否定自己的能力和所做的努力。这是普通人最需要学习、修行的地方,也是从众人中脱颖而出极为重要的一点。

原文

棘[jí]子成①曰:"君子质②而已矣，何以文③为？"子贡曰:"惜乎，夫子之说君子也！驷不及舌④。文犹质也，质犹文也。虎豹之鞟⑤[kuò]犹犬羊之鞟。"

——《颜渊》

注释

①棘子成：卫国大夫。后面的"夫子"指的也是他。
②质：本质、品质，指君子的内在修养。
③文：文采，指礼节、仪式、形式、修养、外表等能够对外显露出来的特征，能被别人看得见、听得到的内容。
④驷不及舌：话一出口，四匹马拉的车子也追不回来，形容说出的话就没办法收回，和"一言既出，驷马难追"是相同的意思。驷，四匹马拉的车。
⑤鞟：去掉毛的兽皮。

译文

棘子成说："君子只要有好的本质便够了，要那些外在的形式、礼仪干什么？"子贡说："先生这样评论君子，可惜说错了。（你这些错话）一言既出，驷马难追。本质和外在的形式、礼仪，都是同等重要的。就好比把虎豹和犬羊两类兽皮上面有花纹的毛都拔掉，那这两类兽皮就没什么区别了。"

点评

这一章的重点在讲外在形式与本质的关系，这两者不是对立关系，而是相辅相成，互为表里。儒家虽然更看重内在的仁和德，但对外在的文采、礼仪也很重视，那是对人们言谈举止、行为规范的一种约束，是把内在美外化的具体表现。

原文

> 子贡曰："纣①之不善，不如是之甚也。是以君子恶②[wù]居下流③，天下之恶[è]皆归④焉。"
>
> ——《子张》

注释

①纣：商朝最后一个君王。

②恶：讨厌，憎恨。

③下流：地形卑下、水流汇集的地方。这里比喻那种众恶[è]所归的位置。

④天下之恶皆归：天下的恶名都归到那里。

译文

子贡说："商纣的昏庸无道，肯定不像现在传说的这么严重。所以君子憎恨居于下流，（因为一旦居于下流，就会像商纣王那样）天下所有的坏名声，都会集中到他的身上。"

点评

子贡用商纣王来举例说明，名誉对一个人至关重要，一个人一旦丢失了名誉，他的地位也会一落千丈。而且，在评价一个人方面，人们的认知往往是有惯性的。因此，给现代人的教训就是，千万不要让自己居于下流，人要往高处走，有更高的追求，这是亘古不变的真理。

原文

子路有闻，未之能行①，唯恐有[yòu]闻②。

——《公冶长》

注释

①未之能行：没有来得及践行。
②唯恐有闻：唯恐又听到某个道理。有，同"又"。

译文

子路听到了一个道理，如果还没有来得及践行，就很怕又听到新的道理。

点评

子路听一个道理，如果还没有实践，还没有落实到行动上，他就认为自己还不算真的懂，就很怕再听到新的道理。这是真正做到了知行合一。正是因为子路听了孔子很多道理，又做到了知行合一，才会从一个好勇斗狠的粗人，逐渐成长为一个有才能、有抱负的政治家。这一章还表现出子路表里如一、率真可爱的一面。

原文

> 司马牛①忧曰："人皆有兄弟，我独亡②[wú]。"子夏曰："商③闻之矣：'死生有命，富贵在天。君子敬而无失④，与人恭而有礼，四海之内皆兄弟也。'君子何患乎无兄弟也？"
>
> ——《颜渊》

注释

①司马牛：一名犁，一名耕，字子牛，春秋时期宋国人。桓魋之弟，孔门"七十二贤人"之一。《史记·仲尼弟子列传》提到过他，说他"多言而躁"。

②亡：同"无"。

③商：指子夏自己。子夏姒姓，卜氏，名商，子夏是他的字。

④失：过错，过失。

译文

司马牛忧愁地说："别人都有兄弟，唯独我没有。"子夏说："我听说过：'死生听从命运，富贵由天安排。君子只管严肃认真地做事，没有过失，对人恭敬有礼，那么，普天之下，到处都是兄弟。'君子哪里用得着担心没有兄弟呢？"

点评

子夏在这里说"死生有命，富贵在天"，是在宽慰司马牛，让他能够把心胸放宽，坦然面对自己的命运。这其实是中国哲学中的智慧，把生命中无力更改的、无力把控的东西归之于天或者命运。因此，在面对挫折和打击，面对孤独和人生的黑暗时，始终有转圜的余地。

另外，子夏还说了一个很重要的道理，一个人如果认真做事，好好做人，他就不会孤独。做好自己，自然而然就会有好朋友和兄弟的。

原文

子夏曰："博学而笃①志，切[qiè]②问而近思③，仁在其中矣。"⑩

——《子张》

注释

①笃：坚定。

②切：贴近，切近。

③近思：考虑最近发生的事。

译文

子夏说："广泛地学习，坚守自己的志向，就切身之处提出疑问，从眼下的问题展开思考，仁就在其中了。"

点评

学就要广泛而深入地去学，去钻研；要发问，也要等钻研了之后再根据自己切身关心的问题发问；要思考，就从自身的角度思考，思考那些困惑自己的问题。这才是最好的学习路径和方法。同时，在做学问上身体力行，竭尽全力，也就做到了仁。子夏是文学科的代表，所以他所说的仁，更偏向于学问，和孔子所说的仁，还有着些许差别。

3月

08日

原文

> 子夏曰："大德①不逾闲②，小德出入可也。"
>
> ——《子张》

注释

①大德：与下文的"小德"相对，即大节、小节。一般认为，"大德"指纲常伦理方面的节操。"小德"指日常的生活作风、礼貌、仪表、待人接物、言语文词等。
②闲：本义是阑，栅栏。引申为限制、界限、法度。

译文

子夏说："人在大节上不能超越界限，在小节上有些出入是可以的。"

点评

　　子夏这句话主要是讲如何看待别人的道德，只要对方在整体上是一个德行良善、正直的人就可以，在生活上偶尔犯一些小错误是可以原谅的。对待别人不要过分苛责，要常怀宽容之心。对于自身来讲，在小节上要更严格，在万不得已的情况下，才可以牺牲小节来保全大节。

3月

09 日

> 子夏曰："贤贤^①易^②色；事父母，能竭其力；事君，能致其身^③；与朋友交，言而有信。虽曰未学，吾必谓之学矣。"
>
> ——《学而》

注释

①贤贤：第一个"贤"字作动词用，尊重的意思；第二个"贤"指贤德的品质。

②易：有两种解释，一是改变，二是轻视。这里指不看重女色。

③致其身：致，奉献，献纳。这里是说把生命奉献给君主，要尽忠的意思。

译文

子夏说："（选择妻子）看重贤德，不重容貌；侍奉父母，能够竭尽全力；服侍君主，（必要时）能够豁出自己的生命；同朋友交往，说话讲信用。（这样的人，）尽管他自己说没有学习过，我也一定说他已经学习过了。"

点评

这一章讲了四种关系，如果再加上"兄弟"，就组成了完整的儒家"五伦"，也就是一个人在社会上最基本的五种关系。人是一切社会关系的总和，而伴侣、父母、兄弟、上级、朋友是一个人最基本的关系圈，如果能把自己的小圈子里的关系处理好了，那他就一定是一个很有智慧、很有修养的人。这样的人，你能说他没有学习过吗？他不仅学了，而且学到家了。

原文

子夏曰："日^①知其所亡_[wú]，月无忘其所能，可谓好^②学也已矣。"

——《子张》

注释

①日：每天。
②好：喜爱，爱好。

译文

子夏说："每天了解所未知的，每月复习已经会的，可以说是好学了。"

点评

子夏这句话，和孔子说的"学而时习之""温故而知新"是同样的意思，强调了知新和复习巩固的重要性。学习的目的，并不是记住书上的那些单个知识点，而是把学习过的知识点相互勾连成网，最终学以致用。

原文

> 子游曰："子夏之门人小子，当洒扫应对进退则可矣，抑①末也。本之则无，如之何？"子夏闻之，曰："噫！言游②过矣！君子之道，孰先传焉，孰后倦③焉？譬[pì]诸草木④，区以别矣。君子之道，焉可诬也？有始有卒者，其惟圣人乎！"
>
> ——《子张》

注释

①抑：连词，表示转折，"可是、但是"的意思。
②言游：子游，姓言，名偃，字子游，也称言游、叔氏。孔子的著名弟子，"孔门十哲"之一。
③倦：这里指"诲人不倦"。
④譬诸草木：譬，比喻，比方。诸，之于。用草木来打比方。

译文

子游说："子夏的学生，做做打扫、接待客人、应对进退的工作，那是可以的，不过这只是细枝末节罢了，学术的根基是没有的，这怎么行呢？"

子夏听了这话，说："唉！言游说错了！君子的学问，哪些先传授、哪些后传授呢？就好比草木一样，是要分门别类培育的。君子的学问，怎么能歪曲呢？传授学问能（依照一定的次序传授而）有始有终的，大概只有圣人吧！"

点评

孔子去世之后，他的弟子就分了家，各自立门授徒。子游和子夏发生争执，是因为他们的志向不同。子夏是务实派，子游善于为人解惑。他们两人各有各的道理，最后也各成一家之言。不同的人根据需求决定向谁学习。不过最终目标，都是以圣人的标准来要求自己，细节和大德都兼顾到。

原文

子夏曰："君子有三变：望之俨然①，即②之也温；听其言也厉。"

——《子张》

注释

①俨然：庄严的样子。
②即：接近、靠近。

译文

子夏说："君子（会使人感到）有三种变化：远远望去觉得庄严可畏，接近他时觉得温和可亲，听他说话觉得严厉不苟。"

点评

君子德行高，内心不苟且，所以看起来严肃庄重；君子大度，能包容万物，所以待人很亲切。同时，君子也有大才，善于教导别人，说话一针见血，鞭辟入里，让人觉得严厉。子夏所形容的君子，完美地契合了孔子的形象。

原文

子夏曰："虽小道①，必有可观②者焉，致远恐泥③[ní]，是以④君子不为也。"

——《子张》

注释

①小道：指某一方面的技能、技艺，如古代的农、圃、医、卜、乐、百工之类。

②可观：可以看，值得看。

③泥：阻滞不通，拘泥。

④是以：所以，因此。

译文

子夏说："即使是小技艺，也一定有可取的地方，但执着于钻研这些小技艺，恐怕会妨碍从事远大的事业，所以君子不做这些事。"

点评

《论语》中的君子，可以分两层意思来理解，一是有德行的君子，二是真正的智者，居上位的领导者。子夏说的君子是指第二层意思，是能治国安邦的人，这样的人不该钻研具体某一项技艺，因为一来占用时间和精力，二来会太过于着眼于眼前的事，无法把目光放长远，也无法获得真正的大智慧。

原文

> 曾子①曰："士不可以不弘毅②，任重而道远。仁以为己任，不亦重乎？死而后已，不亦远乎？" 11·36
>
> ——《泰伯》

注释

①曾子：姒姓，曾氏，名参，字子舆。孔子弟子，被后世尊称为"宗圣"。曾子继承并发扬了孔子的孝道，相传《大学》《孝经》是他写的。②弘毅：弘大刚毅。

译文

曾子说："读书人不可以不弘大而刚强有毅力，因为他责任重大，路程遥远。把实现仁德当作自己的使命，不是很沉重吗？到死才停止，不是很遥远吗？"

点评

从古至今，中国有骨气的知识分子都用这句话来鞭策和激励自己，这已经成为他们最高的价值追求。儒家弟子一生以实践仁德为己任，他们不是不知道这个任务有多么艰难，有多么难以实现，可他们仍然要去做，仍然要去坚守这个理想，他们认为理想越是难以实现，就越有坚持的意义。这其实是儒家至大至刚的一面。

原文

曾子有疾，召门弟子曰："启①予足！启予手！《诗》云：'战战兢兢，如临深渊，如履薄冰。②' 而今而后，吾知免夫！小子③！"

——《泰伯》

注释

①启：省视，察看。
②战战兢兢，如临深渊，如履薄冰：出自《诗经·小雅·小旻[mín]》，指做人做事要小心翼翼，谨言慎行。
③小子：曾参的弟子们。

译文

曾子病了，把他的学生们召唤到身边说："看看我的脚，看看我的手。《诗经》上说：'小心啊，谨慎啊！好像站在深渊旁，好像走在薄冰上。'从今以后，我才知道自己是可以免于祸害刑戮的了！学生们！"

点评

曾子讲究孝，而孝在儒家传统里，不光是要顺从父母，奉养父母，还包括要好好保全自己。儒家弟子可以杀身成仁，但绝不做不必要的牺牲。曾子后来过度发展了儒家的孝，需要辩证看待他关于孝的观点。

原文

曾子曰："吾日三省①[xǐng]吾身，为人谋②而不忠乎？与朋友交而不信乎？传③[chuán]不习乎？"❶❷❸

——《学而》

注释

①三省：多次反省。三，虚指，多的意思。

②谋：谋划，考虑。

③传：老师讲授的知识。

译文

曾子说："我每天多次反省自己，替别人办事是不是尽心竭力了呢？与朋友交往是不是诚实守信了呢？对老师传授的知识，是不是用心复习了呢？"

点评

"吾日三省吾身"是曾子创立的影响巨大的修身方法，从做事、做人、做学问三个维度反省自身，也警醒后人。曾子天分不高，但他成就很大，被后世尊称为"宗圣"，就是因为他勤恳踏实，性格坚韧，又最懂得自我反省，善于总结经验，不断完善自我。

原文

曾子曰："以能问于不能，以多问于寡；有若无，实若虚；犯而不校①[jiào]。昔者吾友②尝从事于斯③矣。"

——《泰伯》

注释

①校：计较。

②吾友：有人说指颜渊。

③从事于斯：做过这样的事。斯，这样。

译文

　　曾子说："有才能却向没有才能的人请教，知识丰富却向知识少的人请教；有学问却像没学问一样，知识很充实却好像空无所有；纵使被欺侮，也不去计较。从前，我的一位朋友就是这样做的。"

点评

　　历来的注解都认为曾子说的"吾友"是指颜回，这段话可能是曾子在向弟子们追述颜回的君子之风。君子不仅谦虚好问，虚怀若谷，而且懂得宽恕之道。在曾子看来，只谦虚求学还不算真正的君子，再加上犯而不校，才算真正到了大境界。这样的评价也可以用在曾子身上，他和颜回一样，都是在寻求儒家大道之路上的君子。

原文

孟氏使阳肤①为士师②，问于曾子。曾子曰："上失其道，民散久矣。如得其情，则哀矜③而勿喜！"

——《子张》

注释

①阳肤：相传是曾参的弟子。

②士师：亦作"士史"，官名，古代掌管禁令、狱讼、刑罚的官。

③矜：怜悯。

译文

孟氏任用阳肤为狱官，阳肤去向曾子请教。曾子说："统治者丧失道义，民心离散已经很久了。如果审案时审出真情，就应该悲哀怜悯，而不要沾沾自喜。"

点评

曾子认为，百姓之所以走上犯罪的道路，往往是当政者的残酷逼迫造成的。以悲悯之心看待他们，量刑的时候就能轻一点，这充分体现了儒家思想的道义和良心。"哀矜勿喜"本质上也是仁者爱人的体现。

原文

曾子曰："慎终追远①，民德②归厚③矣。"

——《学而》

注释

①慎终追远：慎，谨慎、慎重；终，父母的死亡；追，追思；远，远代祖先。
②民德：民心、民风。
③厚：朴实，淳厚。

译文

曾子说："谨慎地对待父母的丧事，追念远代祖先，就能使民心归向淳厚了。"

点评

儒家认为，在民间不断地强化慎终追远的思想，孝道就会深入人心，久而久之，人民的道德水平就会提高。因为"仁"的发端就是血缘关系，一个人懂得了如何对待自己的亲人，就会懂得怎么对待社会上的其他人。这套家国同构的思想，对中国影响深远。

原文

曾子有疾，孟敬子①问之。曾子言曰："鸟之将死，其鸣也哀；人之将死，其言也善。君子所贵乎道者三：动容貌，斯远暴慢②矣；正颜色，斯近信矣；出辞气，斯远鄙倍③矣。笾[biān]豆④之事，则有司⑤存。"

——《泰伯》

注释

①孟敬子：鲁国大夫仲孙捷，是孟孙氏第十一代宗主。

②暴慢：暴，粗暴无礼；慢，懈怠不敬。

③鄙倍：鄙，粗野、鄙陋。倍，同"背"，背理、错误。

④笾豆：祭礼中使用的器皿，笾是竹制的，豆是木制的。笾豆之事，这里指礼仪中的一切具体细节。

⑤有司：主管某部门的官吏，这里指主管祭祀的官吏。

译文

曾子生病，孟敬子去看望他。曾子对他说："鸟将要死时，它的鸣叫声是充满悲哀的；人将要死时，他的话语是充满善意的。君子所看重合乎道的有三点：使自己的容貌庄重严肃，这样就可以避免他人的无礼慢待；端正自己的脸色，这样就容易使人信任；说话文雅，这样就可以避免粗鄙和错误。至于礼仪中的细节，自有主管部门的官吏会去管它。"

点评

从曾子说的话合理推测，孟敬子大概在言行举止上不太在意，在祭祀礼仪方面的细节上又太在意。这样做有两点危害，一是容易被人看轻，被人质疑，二是在小事上分心太多，势必影响处理国家大事的精力。曾子正是看到了这样的危害，才殷殷叮嘱他。只可惜后世人往往只记得"鸟之将死，其鸣也哀；人之将死，其言也善"这句话，反倒没有在意曾子真正想表达的东西。

原文

曾子曰：“可以托六尺①之孤，可以寄百里之命②，临大节③而不可夺也。君子人与？君子人也。”

——《泰伯》

注释

①六尺：约合今天的138厘米。身长六尺的人还是小孩，一般指十五岁以下的人。
②寄百里之命：寄，寄托、委托。百里之命，指掌握国家政权和命运。
③节：关节，关头。

译文

曾子说：“可以把幼小的孤儿和国家的命脉都托付给他，（因为他在）面临安危存亡的紧要关头，却不动摇屈服。这种人，是君子吗？当然是君子。”

点评

在曾子看来，一个真正的君子，除了有崇高的道德，还要有杰出的才能，比如辅佐幼主治理好国家。有才能还不够，还要有责任感，在国家危难的时候，能挺身而出，为国尽忠。曾子在这一章对君子的定义，在道德之外，又强调了才能和责任感，丰富了君子的人格标准。

原文

曾子曰："君子以文①会②友，以友辅③仁。"

——《颜渊》

注释

①文：文章，学问。

②会：会合，聚会。

③辅：辅助，协助。

译文

曾子说："君子用文章学问来结交朋友，用朋友来帮助自己培养仁德。"

点评

文章最能反映一个人的学问、修养、价值观和人生格局，古代崇尚以文会友，交到的都是志同道合的朋友，能够帮助自己完善德行。"以友辅仁"的"仁"，狭义的理解是仁德，宽泛地讲，也可以是理想人格。联系到现代，就是要交志趣相投的朋友。

原文

有子①曰："礼②之用，和③为贵。先王之道，斯为美；小大由④之。有所不行，知和而和，不以礼节⑤之，亦不可行也。"㊽

——《学而》

注释

①有子：有若，字子有，孔子的弟子。

②礼：在春秋时期，礼泛指奴隶社会的典章制度和道德规范。孔子的礼，既指周礼，也指人们的道德规范。

③和：和顺、协调。

④由：遵循，依从。

⑤节：节制，规范。

译文

有子说："礼的作用，以达到人与人的关系和顺为可贵。以前的圣明君主治理国家，值得赞美的地方就在这里（通过礼做到和）。不管是处理大的事情，还是解决小的问题，都遵照这个原则。（但无论大事小事，只顾为了和顺而去做，）有时候就行不通，人们知道和顺（重要），一味追求和顺，不用相应的礼法规则去节制它，（这样）也是不行的。"

点评

礼的运用，根本目的是为了使社会和谐、人人和睦。所以儒家提出以和为贵。但这里的"和"可不是和稀泥，是讲究底线、讲究是非的。不能为了"和"的目的丢弃原则和底线，那样根本达不到真正的"和"。

原文

有子曰："其为人也孝弟①[tì]，而好犯上者，鲜②[xiǎn]矣；不好犯上，而好作乱者，未之有也③。君子务本，本立而道生。孝弟也者，其为仁之本与④！"

——《学而》

注释

①弟：同"悌"，敬爱兄长。

②鲜：少。

③未之有也："未有之也"的倒装句，意思是没有这种人。

④与：同"欤"，表示疑问的助词。

译文

有子说："那种孝顺父母、敬爱兄长却喜欢触犯上级的人，是很少见的；不喜欢触犯上级却喜欢造反的人，更是从来没有的。君子专心致力于根本的事务，根本建立了，仁道也就产生了。孝敬父母、敬爱兄长，大概就是仁道的根本吧！"

点评

这一章突显了儒家家国同构的思想。孝悌是仁德的根本，有助于家庭的和睦，从而保证整个社会的和谐。中国历朝历代，都重视并推广儒家"以孝治天下"的理念。从历史来看，这种通过伦理、血缘稳固家庭，然后推广到社会，促使社会稳定的方法符合我国的实际，也是非常有效的。

原文

有子曰："信近于义①，言可复②也。恭近于礼，远[yuǎn]③耻辱也。因④不失其亲，亦可宗也。"⑬

——《学而》

注释

①义：儒家的伦理范畴，是指思想和行为符合一定的标准，这个标准就是礼。

②言可复：说话能够兑现。"复"有实践、履行的意思。

③远：动词，使动用法，使之远离的意思，也可以译为避免。

④因：依靠，凭借。

译文

有子说："所守的约言（承诺）符合道义，这样的约言才能兑现。态度谦恭得符合礼，才不会遭受侮辱。所依靠的都是亲近的人，这也是值得推崇的。"

点评

有子的这段话，是在讲做人做事要以义、礼为指导。儒家虽然讲究诚信和谦恭，但一个人所作的承诺要符合道义，谦恭也要注意场合和分寸。另外，还要学会知人识人，向有仁义的人靠近。

原文

哀公问于有若曰："年饥，用不足①，如之何？"有若对曰："盍②彻③乎？"曰："二④，吾犹不足，如之何其彻也？"对曰："百姓足，君孰与不足？百姓不足，君孰与足？"

——《颜渊》

注释

①用不足：费用不够，用度不足。

②盍：何不，表示反问或疑问。

③彻：西周时期的田税制度，什一而税叫作彻，也就是缴的税是亩产量的十分之一。

④二：缴纳亩产量的十分之二作为税。

译文

鲁哀公向有若问道："年成不好，国家用度不够，应该怎么办？"有若答道："为什么不实行十分抽一的税率呢？"哀公说道："十分抽二，我都觉得不够，怎么能十分抽一呢？"有若答道："如果百姓的用度够，您怎么会不够？如果百姓的用度不够，您又怎么会够？"

点评

有子最后的反问，体现了儒家一贯的主张，那就是轻徭薄赋，仁政爱民。儒家的亚圣孟子后来又对这一思想进行了丰富，他明确提出，要"民贵君轻"，把老百姓放在第一的位置上，君主充当好服务的角色。儒家在治理天下的思想上，充满了民本主义的色彩。

原文

> 子游曰："丧[sāng]致①乎哀而止。"
>
> ——《子张》

注释

①致：极、尽。

译文

子游说："（对待）丧事，能够充分表达哀痛，也就可以了。"

点评

子游说这话可能是针对当时的一种社会现象，那就是，很多人有一种节烈思想，似乎越是在悲痛中自残，就越是对死去的父母孝顺。子游批评了那种形式主义，他在"尽孝"和"服丧"这两件事上，和孔子的观点是一致的，认为相比外在的形式，尽心更重要。

原文

子游曰："事君数①[shuò]，斯②辱矣；朋友数[shuò]，斯疏矣。"

——《里仁》

注释

①数：屡次、多次，引申为烦琐的意思。

②斯：就。

译文

子游说："侍奉君主过于烦琐，就会遭受侮辱；对待朋友过于烦琐，就会被疏远。"

点评

这一章是在讲人与人之间的界限。具体到生活中，和朋友交往要保留空间。劝诫朋友，如果朋友不听，就该适可而止。

其实，人类是很拧巴的，人类是群体动物，需要朋友、亲人，可又有刻在骨子里的领地意识，不容许别人靠得太近、太干涉自己的生活。这可能是在漫长的文明进程中形成的。所以，靠近他人的时候，一定要保持恰当的距离，这是自重，也是对别人的尊重。

原文

> 子夏之门人问交于子张[1]，子张曰："子夏云何？"对曰："子夏曰：'可者与之，其不可者拒之。'"子张曰："异乎吾所闻：君子尊贤而容众，嘉[2]善而矜[jīn]不能。我之大贤与[yú]，于人何所不容？我之不贤与，人将拒我，如之何其拒人也？"[14]
>
> ——《子张》

注释

[1]子张：颛[zhuān]孙师，复姓颛孙，名师，字子张，孔子弟子，春秋战国时期陈国人。

[2]嘉：夸奖，赞许。

译文

子夏的学生向子张问怎样去交朋友。子张说："子夏说了些什么？"子夏的学生回答说："子夏说：'可以交往的去和他交往，不可以交往的拒绝他。'"子张说："这和我所听到的不一样：君子尊敬贤人，也接纳普通人，称赞好人，怜悯无能的人。我是贤德的人吗？（如果我是，）那我对人有什么不能容纳的呢？我是一个不贤德的人吗？（假如我不贤德，）别人肯定会拒绝我，我又怎能去拒绝别人呢？"

点评

子夏和子张在交友问题上出现了分歧，很可能和孔子的教导有关。子夏比较宽厚，孔子提醒他在择友上要注意辨别，不能把什么人都当成自己的朋友。子张有些高傲，容易狭隘，孔子提醒他要尽量宽容。两个人的观点无所谓对错，都有可取的地方。

103

3月

30日

原文

> 子张曰："士见危致命①，见得思②义，祭思敬，丧[sāng]思哀，其可已矣③。"
>
> ——《子张》

注释

①致命：舍弃生命。致，给予，献出。

②思：反省，考虑。

③其可已矣：如能做到这些，就算可以了。

译文

子张说："士人看见危险肯豁出性命，看见有所得就想想是否合于义，祭祀时严肃恭敬，居丧时满心沉浸在悲痛哀伤中，能做到这几点也就可以了。"

点评

子张提出的四点，概括起来就是君子要做到忠、义、敬、孝，做到了这四点，外有光明磊落的行为，内有仁孝诚敬的心，就算是人格完善的知识分子了。子张在这一点上的见解，和孔子的思想是一脉相承的。

原文

季氏使闵子骞[qiān]为费①[bì]宰，闵子骞曰："善为我辞焉！如有复我者，则吾必在汶[wèn]上②矣。"

——《雍也》

注释

①费：季氏的封邑，在今山东省费县西北。

②汶上：汶是汶水，即今山东大汶河。汶上，暗指齐国。

译文

季氏派人请闵子骞当费地的长官，闵子骞（告诉来人）说："好好地替我辞掉吧！如果再有人为这事来找我，那我一定逃到汶水那边去了。"

点评

季氏是"三桓"中势力最大的家族，把持着鲁国的朝政，违背了君臣之礼，盘剥百姓，也违背了儒家的"仁"。作为儒家弟子，闵子骞不愿意为倒行逆施、僭越犯上的季氏服务，这体现了他的志气与节操。

精选真题

⑩ 2019 年北京市中考

默写。(2分)

　　子夏曰："博学而笃志,切问而近思,＿＿＿＿＿＿＿＿＿＿"

（《论语·子张》）

⑪ 2019 年山东省滨州市惠民县中考二模

　　中国传统文化源远流长,孔子和孟子所代表的儒家思想深入人心。请参加"我所了解的孔子和孟子"语文实践活动。(6分)

　　(1)孔、孟及其弟子留下了不少脍炙人口的故事,如"孟母三迁"等。请你再写出两个与孔、孟或者其弟子有关的故事名称。

　　(2)《论语》《孟子》语言精练,含义丰富,有不少语句已经成为成语,至今仍活跃在现代汉语里。请写出三个成语。

　　(3)当今有不少家长效仿古代"孟母三迁"的做法,争先恐后地购买名校周边的"学区房",请你用简明的语言阐述对这种现象的看法。

⑫ 2020 年四川省攀枝花市中考

根据提示,补写出下列句子中的空缺部分。(2分)

为人谋而不忠乎?＿＿＿＿＿＿＿＿＿＿＿＿＿＿＿＿＿?

（《〈论语〉十二章》）

⑬ 2017 年北京市丰台区中考一模

　　下面三章是《论语》中有关"礼"的语录,请任选一章,谈谈你对"礼"的理

解，并说说你在学习、生活中是如何践行的。（1分、2分）

（1）有子曰："信近于义，言可复也。恭近于礼，远耻辱也。因不失其亲，亦可宗也。"

（2）樊迟御，子告之曰："孟孙问孝于我，我对曰，无违。"樊迟曰："何谓也？"子曰："生，事之以礼；死，葬之以礼，祭之以礼。"

（3）子曰："君子无所争。必也射乎！揖让而升，下而饮。其争也君子。"

⓮ 2021年山西省中考模拟

阅读片段，回答问题。（6分）

子夏之门人问交①于子张。子张曰："子夏云何？"

对曰："子夏曰：'可者与之，其不可者拒之。'"

子张曰："异乎吾所闻②：君子尊贤而容众③，嘉④善而矜⑤不能⑥。我之大贤与，于人何所不容⑦？我之不贤与人将拒我如之何其拒人也？"

（节选自《论语·子张》）

【注】①交：指交友之道。②异乎吾所闻：和我所听到的不同。乎：于。

③众：普通人。④嘉：赞美。⑤矜：怜悯。⑥不能：指无能的人。

⑦何所不容：即"所不容者为何"，也就是"无所不容"的意思。

（1）句读(dòu)是文言文辞休止、行气与停顿的特定呈现方式。请用"/"标出文中画横线语句的停顿处。（标出两处）（2分）

我之不贤与人将拒我如之何其拒人也？

（2）同为孔子的学生，子夏和子张的交友之道并不完全一样。子夏为人宽厚，容易被人利用，所以孔子劝导其要学会＿＿＿＿＿＿＿＿，因此子夏秉持的交友之道是：＿＿＿＿＿＿＿＿＿＿＿＿＿＿；子张为人苛责，因而孔子劝导其要学会＿＿＿＿＿＿＿＿，子张继承了孔子"躬自厚而薄责于人"的观点，主张是：＿＿＿＿＿＿＿＿＿＿＿＿＿＿＿＿＿＿＿＿＿＿＿。（第二、四空用原文语句填写）（4分）

107

4月
01 日

　　四月，春光明媚，万物生长，本月《论语》的主题是"点评天下"。

　　孔子在点评天下人物的过程中，全方位阐释了"仁"的观念，比干"谏而死"是仁，管仲辅佐齐桓公匡正天下也是仁，一个"仁"字包含了中国所有的道德之美。听孔子的点评，大家会对"仁"有新的认知。

　　孔子点评人物的时候，有自己的私心吗？那些给他设置过障碍的人，那些不想接受他思想的人，他又是怎么点评的呢？

　　一起走进四月去看看。

原文

> 子曰："大哉尧①之为君也！巍巍②乎！唯天为大，唯尧则③之。荡荡④乎！民无能名⑤焉。巍巍乎其有成功也！焕⑥乎，其有文章！"
>
> ——《泰伯》

注释

①尧：中国古代传说中的圣君。

②巍巍：崇高、高大的样子。

③则：效法，以……为准。

④荡荡：广大的样子。

⑤名：形容，称说，称赞。

⑥焕：光辉。

译文

孔子说："真伟大啊！尧这样的君主。多么崇高啊！只有天最高大，只有尧才能效法天的高大。（他的恩德）多么广大啊，百姓们真不知道该用什么语言来表达对他的称赞。他的功绩多么崇高，他制定的礼仪制度多么光辉啊！"

点评

孔子称赞尧，认为尧不仅德行高尚，而且还制定了完善的礼仪制度，言语之间，是孔子对古代先王的崇敬心情。另外，这也表现出孔子对当前现状，即诸侯称霸、礼崩乐坏的强烈不满。

原文

子曰:"巍巍乎,舜禹①之有天下也,而不与②[yù]焉。"

——《泰伯》

注释

①舜禹:舜是传说中的圣君明主。禹是夏朝的第一个国君。传说上古时代,尧禅位给舜,舜后来又禅位给禹。

②与:参与、关联,这里还有"私有""享受"的意思。

译文

孔子说:"舜和禹真是崇高得很呀!贵为天子,富有四海(却整年地为百姓操劳),一点也不为自己。"

点评

尧舜禹这样的,是孔子认可的君主。孟子有过一番关于君子的论述,与孔子的这一句有类似之处。他曾说:"君子有三乐,而王天下不与存焉。"就是说,君子有三大快乐,但不包括拥有天下这件事。在私有制社会,孔孟二人却极力主张统治者要无私,要一心为民,这看起来不合时宜,但最终,他们的学说确实对统治阶层形成了一定的影响力和约束力。

原文

子曰："禹，吾无间[jiàn]然①矣。菲[fěi]②饮食而致③孝乎鬼神，恶[è]衣服而致美乎黻[fú]冕④，卑⑤宫室而尽力乎沟洫⑥[xù]。禹，吾无间然矣。"

——《泰伯》

注释

①间然：非议，非难。间，空隙，这里用作动词，指出空隙、缺点的意思。

②菲：菲薄，不丰厚。

③致：致力，努力。

④黻冕：祭祀时穿的礼服叫黻，祭祀时戴的帽子叫冕。

⑤卑：低矮。

⑥沟洫：沟渠，这里指农田水利。

译文

孔子说："对于禹，我没有什么可以挑剔的了。他的饮食很简单却尽力去孝敬鬼神；他平时穿的衣服很简朴，却在祭祀时尽量穿得华美；他自己住的宫室很低矮，却致力于修治水利事宜。对于禹，我确实没有什么可挑剔的了。"

点评

孔子一直强调俭以养德，同时，君主应该勤于政事，爱民恤民。他赞美禹，其实是在和现实进行对比。他感叹过去圣王的功绩，希望当时的统治者不要重蹈那些骄奢淫逸的君主的覆辙。

原文

南宫适[kuò]问于孔子曰："羿①[yì]善射，奡②[ào]荡舟③，俱不得其死然。禹、稷④[jì]躬稼而有天下。"夫子不答。南宫适出，子曰："君子哉若人！尚德哉若人！"⑮⑱

——《宪问》

注释

①羿：传说夏代有穷国的国君，善于射箭，曾夺夏太康的王位，后被自己的臣子寒浞[zhuó]所杀。

②奡：传说中寒浞的儿子，后来为夏少康所杀。

③荡舟：用手推船。传说奡力大，能在陆地上推船。另一说认为他善于水战。

④稷：传说是周朝的祖先，又为谷神，教民种植庄稼。

译文

南宫适问孔子："（为什么）羿善于射箭，奡善于水战，最后都不得好死，禹和稷都亲自种植庄稼，却得到了天下。"孔子没有回答。南宫适出去后，孔子说："这个人真是个君子呀！这个人真尊崇道德。"

点评

孔子为什么不接话？有人说，孔子想让他自己悟。也有人说，南宫适在影射批评当时的当权者，仗着强力，也有不得好死的危险。孔子虽然心中认同，但觉得这个话题不宜再深入讨论下去，于是就没有接话。孔子认为，大禹和后稷能拥有天下，是因为有德行。比起武力，孔子更崇尚以德治天下。当然，大禹和后稷也有能力，他们对社会的贡献大。真正的领导者，从来不是武力最强或者谋略最强的人，而是最得民心的人。

4月 06 日

微子①去之，箕②子为之奴，比干③[gàn]谏而死。孔子曰："殷有三仁焉。"

——《微子》

注释

①微子：名启，商纣王的同母兄弟。微子出生时，他母亲还未被正式立为帝妻，纣是母亲立为帝妻后所生，故纣得以继承王位。

②箕子：纣王的叔父。纣王暴虐无道，箕子曾向他进谏，被纣王囚禁，箕子便假装发疯，被降为奴隶。

③比干：纣王的叔父。他竭力劝谏纣王，被纣王剖心而死。

译文

微子离开了商纣王，箕子成了纣王的奴隶，比干进谏被纣王杀害。孔子说："殷朝有三位仁人！"

点评

微子、箕子、比干三位都从自己的角度去劝诫过纣王，但纣王对这些都不以为然，依然我行我素。在这种情况下，三个人做出了不同的选择，"微子去之，箕子为之奴，比干谏而死"。虽然他们的选择迥异，但孔子评价他们都是"仁人"。"仁人"是孔子对一个人的最高评价。可见，在孔子的眼中，求仁没有固定的道路，也没有固定的模式。生是仁，死亦是仁，只要心中坚守仁道，最终都可以求仁得仁。

原文

> 子曰："泰伯①，其可谓至德也已矣。三②以天下让，民无得而称焉。"

—— 《泰伯》

注释

①泰伯：又叫太伯，周朝祖先古公亶[dǎn]父的长子。

②三：多次的意思。

译文

孔子说："泰伯可以说是品德最高尚的人了，几次把王位让给季历，老百姓都找不到合适的词句来称赞他。"

点评

传说周的始祖古公亶父有三个儿子，分别是长子泰伯、次子仲雍、三子季历。季历的儿子就是周文王姬昌。亶父预见到孙子姬昌的圣德，想把君位传给幼子季历。泰伯知道后，就和二弟仲雍一起避居在吴。亶父死后，泰伯担心有人趁他回来奔丧的时候让他继位，于是就没有回来，并且断发文身，表示再也不回周。最终，季历继位，之后季历传位给儿子姬昌。到周武王时，灭了殷商，统一了天下。

所以，正是由于泰伯让出了王位，这才有了后面的周文王、周武王，才有了礼乐之邦的周王朝，百姓才得以摆脱商纣王的暴政。在孔子看来，泰伯不是至德又是什么呢？

原文

> 齐景公有马千驷①[sì]，死之日，民无德而称焉。伯夷、叔齐②饿于首阳之下，民到于今称之。（有一说，此处应补上"《诗》云：'成③不以富，亦祇④[zhǐ]以异。'"）其斯之谓与？
>
> ——《季氏》

注释

①千驷：四千匹马。驷，同拉一辆车的四匹马。

②伯夷、叔齐：商朝末年孤竹国国君的两个儿子。父亲死后，兄弟互让君位而先后出走。周灭商后，他们认为这是以臣弑君，耻食周粟，隐居于首阳山，采薇而食，最终饿死。

③成：同"诚"，的确。

④祇：只，恰恰。

译文

齐景公有四千匹马，他死的时候，百姓找不到他有什么德行值得称颂的。伯夷和叔齐饿死在首阳山上，百姓到现在还在称颂他们。[《诗经》说："不是因为钱，只是（品德）不一样。"]大概就是这个意思吧！

点评

本章最后一句"其斯之谓与"中的"斯"字是指什么，上文没有交代，因此意思不清。有人以为，出现在《颜渊篇·第十章》中的"成不以富，亦祇以异"，应当放在此句之前。在这里可以理解为，齐景公有权有钱，死后没人记得他，而伯夷叔齐因为品格高尚被传诵千年。《诗经》说"不是因为钱，只是（品德）不一样"，说的就是这个道理。

本章要表达的是，孔子认为，对统治者的历史评价不在于财富而在于百姓的口碑。

4月

09日

原文

> 子曰："伯夷、叔齐，不念旧恶，怨是用希①。"
>
> ——《公冶长》

注释

①希：同"稀"，少。

译文

孔子说："伯夷、叔齐两个人不记人家过去的仇恨，（别人对他们的）怨恨因此也就少了。"

点评

这一章表面上是说，别人对伯夷、叔齐的怨恨少了，实际上强调的是他们两人自己内心的怨恨化解了。内心没有怨恨，没有对别人的不满，是靠自身内在的修养和德行做到的，他们清洁了自己的内心，让自己获得更广阔的天地。所以在说到伯夷、叔齐的时候，别人都在谈他们的谦让、操守等这些美德，而孔子却说，能"不念旧恶"，心中无怨，本身就是很高的德行了。

原文

逸^①民：伯夷、叔齐、虞仲、夷逸、朱张、柳下惠^②、少连。子曰："不降其志，不辱其身，伯夷、叔齐与！"谓："柳下惠、少连，降志辱身矣，言中^③[zhòng]伦，行中虑，其斯而已矣。"谓："虞仲、夷逸，隐居放言^④，身中清，废^⑤中权^⑥。""我则异于是，无可无不可。"——《微子》

注释

①逸：同"佚"，散失、遗弃。
②柳下惠：曾任鲁国官职，掌管刑罚诉讼，是传统道德的典范。
③中：合于，符合。
④放言：一种解释认为是不谈世事，另一种认为是放肆直言。
⑤废：弃官不仕。
⑥权：权宜，变通。

译文

被遗落的人有：伯夷、叔齐、虞仲、夷逸、朱张、柳下惠、少连。孔子说："不降低自己的志向，不辱没自己的身份，就是伯夷和叔齐吧！"又说："柳下惠、少连降低了自己的志向，辱没了自己的身份，但言语合乎伦理，行为经过思虑，也就是如此罢了。"又说："虞仲、夷逸，避世隐居，放肆直言，立身清白，弃官也符合权宜之计。""我就和他们不一样，没有什么可以，也没有什么不可以。"

点评

"逸民"实际上是指隐居起来不做官的人。整体上来说，孔子肯定这些人的言行以及坚守的道义，但孔子不愿意跟这些人相同，他的做事标准是"无可无不可"。没有什么必须做，也没有什么不能做。孔子是积极入世的，可以当官就去当官，不能当官就暂时退居下来，根据外在的环境通权达变。这是一种恰如其分的中庸之道。

原文

仲弓问子桑伯子①。子曰："可也，简②。"仲弓曰："居敬③而行简，以临④其民，不亦可乎？居简而行简，无乃⑤大[tài]⑥简乎？"子曰："雍之言然。"⑲㉟

——《雍也》

注释

①子桑伯子：人名，生平不可考。

②简：简要，不烦琐。

③居敬：为人严肃认真，依礼严格要求自己。

④临：面临，面对。此处有治理的意思。

⑤无乃：岂不是。

⑥大：同"太"。

译文

仲弓问孔子子桑伯子这个人怎么样。孔子说："（这人）还可以，（他）做事简要而不烦琐。"仲弓说："居心恭敬严肃而行事简要，像这样来治理百姓，不是也可以吗？（但是如果）做事随随便便，态度还轻浮草率，这岂不是太简单了吗？"孔子说："冉雍，你这话说得对。"

点评

冉雍，字仲弓，是孔子的弟子。《论语》中关于他的记录不多，但通过这一章，能看出冉雍还是比较有见地的，他能够对孔子的话举一反三，分类处理。冉雍认为，用简单的方法把事情做得漂亮，这是最高的境界，但前提是内心应该是恭敬严肃的。如果只是敷衍，为了简单而简单，那就是不负责任。居敬行简应该成为所有管理者做事的标准。

原文

> 柳下惠为士师，三黜①[chù]。人曰："子未可以去②乎？"曰："直道而事人，焉往而不三黜？枉道而事人，何必去父母之邦？"
>
> ——《微子》

注释

①黜：罢免不用。
②去：离开。

译文

柳下惠当典狱官，多次被罢免。有人说："你不可以离开鲁国吗？"柳下惠说："按正道侍奉君主，到哪里不会被多次罢官呢？如果不按正道侍奉君主，为什么一定要离开本国呢？"

点评

柳下惠的话辩证说明了当时官场的问题。如果保持自己正直敢言的品行，那去哪个国家都会被君主罢免的。如果委屈自己，阿谀奉承，说一些好听的话，那去别的国家和留在自己的国家也没有什么区别。孔子对柳下惠评价很高，他借柳下惠的话，展现了柳下惠的正直，也对当时腐败的官场进行了痛斥。

原文

> 子曰："臧文仲①其窃位②者与！知柳下惠之贤而不与立③[wèi]也。"
>
> ——《卫灵公》

注释

①臧文仲：春秋时期鲁国大夫，姬姓，臧氏，名辰，"文"是他的谥号。

②窃位：身居官位而不称职。

③立：同"位"。

译文

孔子说："臧文仲大概是个窃据官位的人吧！他知道柳下惠贤良，却不给他官位。"

点评

这一章里，孔子指责臧文仲明知道柳下惠是贤人，却不举荐他，这和偷窃柳下惠的官位没有区别。实际上孔子晚臧文仲和柳下惠一百年左右，他们的故事，孔子未必全部知道。在历史上，臧文仲做过不少实际工作，是卓有成就的政治家。孔子在这里要强调的是，他希望贤能的人能够得到重用。不管当权者本人的能力如何，都不应该嫉妒和压制有才能的人施展拳脚。

原文

子曰："臧文仲居①蔡②，山节藻棁③[zhuō]，何如其知④[zhì]也？"

——《公冶长》

注释

①居：使动用法，使……居住。

②蔡：国君用以占卜的大龟。蔡这个地方产龟，因此把大龟叫"蔡"。

③山节藻棁：节，柱上的斗拱。棁，房梁上的短柱。山节藻棁即指把斗拱雕刻成山形，在棁上绘上水草花纹。古时是装饰天子家庙的做法。

④知：同"智"。

译文

孔子说："臧文仲为一种叫蔡的大乌龟盖了一间房子，（房子上有）雕刻成山形的斗拱和画着藻草的梁柱，他这算是一种什么样的聪明呢？"

点评

大乌龟的房子上的装饰，是国君才能用的庙饰，臧文仲却擅自使用，这是僭越礼制的行为，一点都不明智。另外，对用乌龟占卜这种迷信行为，孔子持保留态度。孔子认为臧文仲一不守礼，二迷信占卜鬼神，是个不明智的人。反之，一个有智慧的人会守礼，会靠自己的努力去实现理想。

原文

> 子曰："臧武仲①以防②求为后于鲁,虽曰不要③[yāo]君,吾不信也。"
>
> ——《宪问》

注释

①臧武仲:即臧孙纥[hé],又称臧孙、臧纥,谥"武",臧文仲之孙。鲁国大夫,封邑在防。

②防:地名,在今山东费县东北六十里左右。

③要:要挟。

译文

孔子说:"臧武仲凭借防邑请求(鲁国国君)立他的后代为鲁国的卿大夫,虽然有人说他不是在要挟国君,(但)我是不信的。"

点评

臧武仲是前面孔子批判的臧文仲之孙。他虽其貌不扬,但却聪明多智,被当时的人称为"圣人"。后来,臧武仲因为得罪孟孙氏,被迫逃离鲁国,回到了自己的封地防邑。之后,为了能够保住自己家族的封地和地位,他跟鲁君提要求,以立臧氏之后为卿大夫作为条件,自己离开防邑。如果鲁君不同意,他就要在防邑造反了。孔子认为臧武仲这是在要挟君主,违反了君臣之礼,是大不敬,所以他说了这段话。

16日

原文

子曰："晋文公①谲②[jué]而不正③，齐桓公④正而不谲。"

——《宪问》

注释

①晋文公：姬姓，名重耳，"春秋五霸"之一。

②谲：欺诈，玩弄手段。

③正：正派。

④齐桓公：姜姓，名小白，"春秋五霸"之一。

译文

孔子说："晋文公诡诈而不正派，齐桓公正派而不诡诈。"

点评

齐桓公和晋文公是春秋时期齐名的明君。齐桓公打出"尊王攘夷"的旗号，名义上维护周天子的尊严，九合诸侯。他还打退西北戎狄入侵，保卫了华夏文化。所以孔子认为，齐桓公所做的这一切，名正言顺，坦荡正派，都是符合道义的。而晋文公在称霸的过程中，使用了很多诡计。称霸之后，以臣召君，不把周天子放在眼里，违背了君臣之礼。所以孔子批评他"谲而不正"。综观历史上的政权，行正道都比诡诈走得更久更远。

原文

> 　　子路曰："桓公杀公子纠①，召[shào]忽②死之，管仲不死。"曰："未仁乎？"子曰："桓公九合诸侯③，不以兵车，管仲之力也。如④其仁，如其仁。"⑯
>
> ——《宪问》

注释

①公子纠：齐桓公的哥哥。齐桓公曾与其争位，杀掉了他。

②召忽：春秋时期齐国人，与管仲一同侍奉公子纠。

③九合诸侯：指齐桓公多次召集诸侯盟会。九应该是虚指。

④如：乃，就。

译文

　　子路说："齐桓公杀了公子纠，召忽自杀殉节，但管仲却没有自杀。"接着又说："管仲是不仁吧？"孔子说："桓公多次召集各诸侯国盟会，不用武力，都是倚仗管仲的能力。这就是他的仁，这就是他的仁。"

点评

　　齐桓公姜小白和哥哥公子纠争夺齐国国君的位置，最终公子纠失败了。公子纠手下有两个臣子，召忽和管仲。召忽在公子纠死后，自杀殉节，管仲却成为齐桓公的宰相。孔子强调"事君以忠"，以忠心侍奉国君，却多次赞赏管仲，这在子路看来是矛盾的，就有了这段对话。

　　子路说管仲不是仁德的人，而孔子认为管仲的仁德是在大事上。管仲辅佐齐桓公走在正道上，保天下四十年太平，为国为民带来福气，这才是真正的仁。

原文

> 子贡曰:"管仲非仁者与? 桓公杀公子纠,不能死,又相之。"子曰:"管仲相桓公,霸诸侯,一匡天下,民到于今受其赐。微①管仲,吾其被[pī]发左衽②[rèn]矣。岂若匹夫匹妇之为谅③也,自经④于沟渎⑤[dú]而莫之知也?"❶⑥
>
> ——《宪问》

注释

①微:无,如果没有的意思。

②被发左衽:"被"同"披",衽,衣襟。这是当时夷狄的打扮,这里指不开化、落后。

③谅:这里指小信,不问是非死守信用。

④自经:自缢。

⑤渎:小沟。

译文

子贡说:"管仲不是仁人吧? 齐桓公杀了公子纠,他不能以死殉节,反而去辅佐齐桓公。"孔子说:"管仲辅佐齐桓公,称霸诸侯,匡正天下,百姓到现在还领受他的好处。如果没有管仲,我们大概都会披散着头发,衣襟向左边开,去做野人了。难道管仲要像普通男女那样守着小节小信,在山沟中上吊自杀而没有人知道吗?"

点评

"事君以忠"的思想在当时影响很大,所以对于"不死君难"的管仲,子贡也认为他不够仁德,向孔子发出了疑问。以当时的道德标准来看,齐桓公杀了公子纠,就算管仲不自杀殉节,也应该归隐山林,至少不能在仇人齐桓公手下做官。但孔子肯定了管仲是有仁德的,因为管仲辅佐齐桓公"尊王攘夷",反对使用暴力,使社会安定,还阻止了齐鲁之地被"夷化"。孔子认为,对待像管仲这样有仁德的人,不必像对待一般人那样,斤斤计较他的小节小信。

原文

子曰："管仲之器①小哉！"或曰："管仲俭乎？"曰："管氏有三归②，官事不摄③，焉得俭？""然则管仲知礼乎？"曰："邦君树④塞[sài]门⑤，管氏亦树塞门；邦君为两君之好，有反坫⑥[diàn]，管氏亦有反坫。管氏而知礼，孰不知礼？"

——《八佾》

注释

①器：器量。

②三归：三处豪华的府第。另一种说法是三处藏钱币的府库。

③摄：兼任。

④树：竖立。

⑤塞门：在大门口筑的一道短墙，相当于屏风、照壁。

⑥反坫：坫是土筑的平台。反坫就是古代君主招待别国国君时，放置敬酒后的空杯子的土台。

译文

孔子说："管仲的器量太小啦！"有人问："管仲节俭吗？"孔子说："管仲有三处豪华的府第，他家里的仆人也是一人一职，从不兼任，怎么能称得上节俭呢？""那么管仲知礼吗？"孔子说："国君在大门口立了一道影壁，管仲也在自家门口立了影壁；国君同别国君主举行友好会见时，在堂上设有放置空酒杯的土台，管仲也有这样的土台。如果说管仲知礼，那还有谁不知礼呢？"

孔子批评管仲器量、格局不够大，说他一不节俭，二不知礼。虽然孔子肯定管仲的治国才能，但在管仲的个人德行修养上，孔子有一些否定的地方。从最近几章孔子对管仲的评价，可以看出孔子看待人实事求是，不全盘否定，也不全盘赞美。所以，评价一个人，要多角度，全方位，具体问题具体分析。

原文

> 子曰："宁武子①，邦有道，则知[zhī]；邦无道，则愚②。其知[zhì]可及也，其愚不可及也。"⑰
>
> ——《公冶长》

注释

①宁武子：姬姓，宁氏，名俞，春秋时期卫国大夫。谥"武"，所以称为宁武子。

②愚：这里是装傻的意思。

译文

孔子说："宁武子这个人，当国家政治清明时就聪明，当国家政治黑暗时就装糊涂。他的聪明，别人可以做得到；他的装糊涂，别人赶不上。"

点评

宁武子是卫文公、卫成公时的大夫。根据《左传》的记载，卫文公时期，政治清明，宁武子也表现出了他的才能，为国家尽心尽力。卫成公时期，卫国内忧外患，宁武子没有退缩，但他装成糊涂的样子，用迂回的手段维护了卫国的尊严。

孔子的意思是，国家政治清明时，凡是有能力的人，都可以发挥才智，但在国家动乱时，能够通过装糊涂来坚持道义，是一种更难得的智慧。宁武子装糊涂只是一种手段，其目的还是在于坚守正道，做自己应该做的事，这才是孔子所要提倡的。

原文

或问子产①，子曰："惠人也。"问子西②，曰："彼哉③！彼哉！"问管仲，曰："人也。夺伯氏④骈[pián]邑⑤三百，饭疏食，没[mò]齿⑥无怨言。"

——《宪问》

注释

①子产：春秋时期著名政治家、思想家。姬姓，公孙氏，名侨，字子产。历史典籍以"子产"为通称，他是郑穆公之孙。

②子西：楚国的令尹，名申，字子西。

③彼哉：彼，他；哉，语气词。即"他呀！"这是当时表示轻视的习惯语。

④伯氏：齐国的大夫。

⑤骈邑：齐国的地名。

⑥没齿：一辈子，终身。

译文

有人问子产是怎样的人，孔子说："是宽厚慈惠的人。"问到子西是怎样的人，孔子说："他呀！他呀！"问到管仲是怎样的人，孔子说："他是个人才。他剥夺了伯氏骈邑三百户的封地，使伯氏只能吃粗粮，却一辈子没有怨言。"

点评

子产是郑国的大夫，辅佐两代国君，很有功绩，是孔子比较推重的同时代人物。子西是楚国的令尹，曾经阻挠孔子及其弟子到楚国任职。管仲是孔子又爱又恨的历史人物。孔子把他们三个放在一起点评，能看出孔子评价人物的中肯。孔子慧眼识人，他评价一个人的时候，尽量保持客观和中立，以他们的言行为依据提出自己的看法。他对管仲的评价最为典型，虽然批评过管仲，但是对其功德仍然给予极大的肯定，从中也能看到儒家思想重视实际效果的一面。

4月
22日

原文

> 子贡问曰："孔文子①何以谓之'文'也？"子曰："敏②而好学，不耻下问，是以谓之'文'也。"❽
>
> ——《公冶长》

注释

①孔文子：孔氏，名圉[yǔ]，谥"文"，卫国大夫。
②敏：敏捷，勤勉。

译文

子贡问："为什么给孔文子'文'的谥号呢？"孔子说："他聪明勤勉，喜爱学习，不以向比自己地位低的人请教为耻，所以他的谥号是'文'。"

点评

孔文子是卫国大夫，聪明好学而又谦虚，子路曾经在他手下做官。据说因为子路的关系，孔圉去世后孔子参与了他谥号的拟定。所以子贡才会问孔子，为什么孔圉谥号是"文"。孔子强调了八个字，"敏而好学，不耻下问"，这就是"文"。

子贡是孔门弟子中特别聪明的一个。按照孔子因材施教的做法，敏而好学，应该也是孔子对子贡的一种勉励。提醒子贡，虽然已经足够聪明了，但还是要继续努力。

原文

子谓卫公子荆①："善居室②。始有，曰：'苟合③矣。'少有，曰：'苟完矣。'富有，曰：'苟美矣。'"

——《子路》

注释

①卫公子荆：卫国大夫，名荆，字南楚，卫献公的儿子。
②善居室：善于持家，善于居家过日子。
③合：足够。

译文

孔子谈到卫国的公子荆，说："他善于居家过日子。当他刚开始有财物时，便说：'差不多够了。'当稍微多起来时，就说：'差不多完备了。'当财物到了富有程度的时候，就说：'差不多算是完美了。'"

点评

卫献公的儿子公子荆的名声不错，孔子对他做出了积极的评价，认为他"善居室"，字面意思就是善于治理家政。儒家强调修身、齐家，之后才是治国、平天下。"善居室"就是齐家，所以孔子也是在肯定卫公子荆的执政能力。同时，孔子强调的简约俭朴，对物质的追求要有度，在公子荆身上也有体现。

原文

子曰："孰谓微生高①直？或乞醯②[xī]焉，乞诸其邻而与之。"㊾

——《公冶长》

注释

①微生高：姓微生，名高，鲁国人，以直爽著称。
②醯：醋。

译文

孔子说："谁说微生高这个人直爽？有人向他求点醋，他（不直说没有，却暗地）向自己邻居那里讨点来给人家。"

点评

微生高是鲁国人，当时人们普遍认为微生高为人直爽、坦率。但孔子在评价他的时候，认为他不够直爽，还举了一个借醋的例子来证明自己的观点。从例子来看，微生高确实不够坦率，他有讨好别人的嫌疑，或者想要卖一个人情给对方，让对方记着他的好。所以，孔子一点也没冤枉他。

孔子看人一向很独到，他总是能从小细节上看到这个人最真实的一面。孔子去评价一个人的时候，从不人云亦云，都会从具体的事上说明自己的看法。

25 日

原文

子问公叔文子①于公明贾[gǔ]②曰："信乎？夫子③不言、不笑、不取乎？"公明贾对曰："以④告者过也。夫子时然后言，人不厌其言；乐然后笑，人不厌其笑；义然后取，人不厌其取。"子曰："其然？岂其然乎？"

——《宪问》

注释

①公叔文子：卫国大夫公孙拔，卫献公之孙，谥"文"。

②公明贾：姓公明，字贾，卫国人。

③夫子：文中指公叔文子。

④以：此处是"此"的意思。

译文

孔子向公明贾问到公叔文子，说："是真的吗？他老先生不言语、不笑、不取钱财？"公明贾回答说："那是传话的人说错了。他老人家是到该说话的时候才说话，别人也就不厌恶他的话；高兴了才笑，别人就不厌烦他的笑；应该取的时候才取，别人就不厌恶他的取。"孔子说道："是这样吗？难道真的是这样吗？"

点评

孔子向公明贾询问有关公叔文子言行的问题，公明贾提出了公叔文子的三个特点。一是要找合适的时机去表达自己。二是不能简单地讨好别人，或者虚假地表示快乐，一定是内心生发快乐才笑。三是不义之财，分文不取。最后一点也符合孔子的想法，"不义而富且贵，于我如浮云"。

从公明贾的描述中，可以看出，公叔文子凡事都做得恰到好处，符合礼和义，这正是孔子乐于见到的，所以他既惊又喜。

134

4月
26日

舜有臣五人①而天下治。武王曰："予有乱臣②十人。"孔子曰："才难[nán]，不其然乎？唐虞之际③，于斯④为盛。有妇人焉⑤，九人而已。三分天下有其二⑥，以服事殷。周之德，其可谓至德也已矣。"

——《泰伯》

注释

①舜有臣五人：传说是禹、稷、契[xiè]、皋陶[yáo]、伯益等人。

②乱臣：帮助治理国家的臣子。根据《说文解字》的解释，乱有治理的意思。

③唐虞之际：尧、舜在位的时代。

④斯：指周文王武王时期。

⑤有妇人焉：指武王的乱臣十人中有武王之妻邑姜。

⑥三分天下有其二：《逸周书·程典篇》说，"文王令九州之侯，奉勤于商"。相传当时天下分九州，文王得六州，所以是三分之二。

译文

舜有五位贤臣就能治理好天下。周武王也说过："我有十个帮助我治理国家的臣子。"孔子说："人才难得，难道不是这样吗？唐尧虞舜、周文王武王时期，人才是最盛了。但周武王的十个大臣当中有一个是妇女，实际上只有九个人而已。周文王得了天下的三分之二，仍然侍奉殷商，周朝的德，可以说是最高的了。"

点评

这一章，孔子点评历代君主成功的原因都在于人才。提出"才难"，人才难得的观点。"妇人"指的是姜太公之女，周武王姬发的王后邑姜。武王的十位"治乱"之臣，号称是"九人治外，邑姜治内"。按当时的思

135

维她不算在其中，因此孔子说"九人而已"。

　　治理国家最重要的就是人才。周朝从上到下崇尚礼仪贤德，虽然周的疆土势力已经超过了商朝，但仍然谨守君臣之道，每年向商王朝贡，安分守己。所以，孔子说周有"至德"。

原文

子言卫灵公①之无道也，康子曰："夫如是，奚而②不丧？" 孔子曰："仲叔圉③治宾客，祝鮀[tuó]治宗庙，王孙贾[gǔ]治军旅。夫如是，奚其丧？"

——《宪问》

注释

①卫灵公：姬姓，名元，春秋时期卫国第二十八代国君，公元前534年—公元前493年在位，因多猜忌且脾气暴躁，在史学中留下了不好的评价。

②奚而：为什么。

③仲叔圉：孔圉，即前文提到的孔文子，他与祝鮀、王孙贾都是卫国的大夫。

译文

孔子谈到卫灵公昏庸无道，季康子说："既然这样，为什么没有丧国呢？" 孔子说："他有孔圉接待宾客，祝鮀管理宗庙祭祀，王孙贾统率军队。像这样，怎么会丧国？"

点评

卫灵公是春秋时期卫国的国君，在历史上名声很差。他整天沉迷于饮酒作乐，不理朝政，不参与诸侯会盟。但是他擅长识人，他提拔了三个大臣孔圉、祝鮀、王孙贾，才让卫国的国家机器正常运转。

卫灵公知人善任这一点没有被孔子忽略掉，从这可以看出，孔子评价人物还是很客观的，也总能发现一个人的另一面。

原文

> 蘧[qú]伯玉①使人于孔子，孔子与之坐而问焉。曰："夫子何为？"
> 对曰："夫子欲寡②其过而未能也。"使者出，子曰："使乎！使乎！"
>
> ——《宪问》

注释

①蘧伯玉：卫国的大夫，名瑗[yuàn]，字伯玉。孔子在卫国时，曾住过他家。

②寡：减少。

译文

蘧伯玉派使者去拜访孔子，孔子请使者坐下，然后问道："先生近来在做什么呢？"使者回答说："先生想要减少自己的过失但还没能做到。"使者出去之后，孔子说："好一位使者呀！好一位使者呀！"

点评

这一章说到的蘧伯玉，是卫国的大夫，是孔子比较推崇的一位君子。使者受命而来，在回答孔子的问题时，既维护了蘧伯玉的形象，完成了自己作为一个使者的使命，更让两个交往比较深的朋友，在思想上有了更进一步的沟通和认同，会结下更深的友谊或者未来有可能达成更深入的合作。这就比完成使命更高了一个层次。所以孔子夸赞他是优秀的使者。

29日

原文

子曰:"直哉,史鱼①!邦有道,如矢;邦无道,如矢。君子哉,蘧伯玉!邦有道,则仕;邦无道,则可卷②[juǎn]而怀③之。"

——《卫灵公》

注释

①史鱼:春秋时期卫国大夫。名䲡,字子鱼,也称史鰌。

②卷:收。

③怀:藏。

译文

孔子说:"史鱼正直啊!国家政治清明时,他像箭一样直;国家政治黑暗时,他也像箭一样直。蘧伯玉是君子啊!国家政治清明时,他就出来做官;国家政治黑暗时,就把自己的才能收藏起来(不去做官)。"

点评

史鱼在卫灵公时任祝史,负责卫国的宗庙和祭祀,也被称为祝䲡。之前提到的"祝䲡治宗庙"就是说他。史鱼多次向卫灵公推荐贤臣蘧伯玉,未被采纳。在病危临终的时候,他还要嘱咐儿子说不要在正堂治丧,以此劝诫卫灵公启用蘧伯玉。这种行为,古人称为"尸谏"。孔子在这章称赞史鱼是一个正直的人。

但孔子更欣赏蘧伯玉,认为他在国家有道的时候,发挥自己的能力出来做官。国家无道就辞官归隐,是一个审时度势,进退有度的君子。

原文

> 子曰："吾之于人也，谁毁①谁誉？如有所誉者，其有所试②矣。斯民也，三代之所以直道③而行也。"
>
> ——《卫灵公》

注释

①毁：毁谤。
②试：考察。
③直道：正道、正路。

译文

孔子说："我对别人，（你看我）毁谤过谁？赞誉过谁？如果有所赞誉的话，一定是曾对他有所考察。（正因为）有了这样的民众，夏、商、周三代才能在正路上前行。"

点评

孔子认为，夏商周三代之所以能够走在正道上，是因为有经得起考验的贤人。

这一个月的时间里，孔子评价了很多人。有他从未见过的历史人物，像管仲、臧文仲，也有他同时代的人物，像蘧伯玉、臧武仲、子西、子产。

这些人有的跟孔子关系好，有的跟他有过节。孔子也不以跟自己的关系远近来评价别人，而是有一分证据说一分话，就事论事，根据历史记载和一些小事来尽量客观地点评人物。

孔子想要告诉我们，对人不能随意地诋毁和赞誉，要实事求是地评价这个人的功过是非。

精选真题

⑮ 2021—2022 学年浙江省嘉兴市高三 9 月基础检测

阅读下面的材料，完成下列小题。

材料一： 南宫适问于孔子曰："羿善射，奡荡舟，俱不得其死然。禹、稷躬稼而有天下。"夫子不答。南宫适出，子出："君子哉若人！尚德哉若人！"

（《论语·宪问》）

材料二： 樊迟请学稼，子曰："吾不如老农。"请学为圃。曰："吾不如老圃。"樊迟出。子曰："小人哉，樊须也！上好礼，则民莫敢不敬；上好义，则民莫敢不服；上好信，则民莫敢不用情。夫如是（好好学习），则四方之民襁负其子而至矣，焉用稼？"

（《论语·子路》）

孔子赞赏南宫适"禹、稷躬稼而有天下"的观点，却不支持樊迟"学稼"的请求，二者是否矛盾？说明理由。

⑯ 2022 年北京市朝阳区高一期末

阅读下面《论语》中的文字，回答问题。

子路曰："桓公杀公子纠，召忽死之，管仲不死【注】。"曰："未仁乎？"子曰："桓公九合诸侯，不以兵车，管仲之力也。如其仁，如其仁。"

（《论语·宪问》）

子贡曰："管仲非仁者与？桓公杀公子纠，不能死，又相之。"子曰："管仲相桓公，霸诸侯，一匡天下，民到于今受其赐。微管仲，吾其被发左衽矣。岂若匹夫匹妇之为谅也，自经于沟渎而莫之知也！"

（《论语·宪问》）

【注】齐桓公与公子纠争位，公子纠被杀，他的师傅召忽自杀殉主，另一个师傅管仲却做了桓公的宰相。

子路和子贡对"仁"的理解，与孔子有何不同？结合以上材料中他们对管仲的评价，简要分析。

⑰ 2022 年浙江省校联考模拟预测

阅读下面的材料，完成下面小题。

子曰：唯上知与下愚不移。

《论语·阳货》

子曰："宁武子，邦有道，则知；邦无道，则愚。其知可及也，其愚不可及也。"

《论语·公冶长》

（1）材料一中"上知"的意思是（　　　　　　），材料二中有一个成语（　　　　）。

（2）结合上述材料，阐述孔子的"愚智"观。

⑱ 2020 年浙江省杭州市高考一模

阅读下面的材料，完成各题。（4分）

材料一：季康子问政于孔子曰："如杀无道以就有道，何如？"孔子对曰："子为政，焉用杀？子欲善而民善矣。君子之德，风；小人之德，草。草上之风，必偃。"

（《论语·为政》）

材料二：南宫适问于孔子曰："羿善射，奡荡舟，俱不得其死然。禹、稷躬稼而有天下。"夫子不答。南宫适出，子曰："君子哉若人！尚德哉若人！"

（《论语·宪问》）

（1）材料一孔子运用＿＿＿＿＿、＿＿＿＿＿的修辞手法来表明自己的

142

观点。（2分）

（2）分析评价上述材料体现的孔子的治国思想。（2分）

⑲ 2020 年北京市丰台区高考一模

阅读下面《论语》的文字，回答问题。

仲弓问子桑伯子。子曰："可也，简。"仲弓曰："居敬而行简，以临其民，不亦可乎？居简而行简，无乃大简乎？"子曰："雍之言然。"

（《论语·雍也》）

孔子评价子桑伯子时所说的"简"，其具体内涵是什么？请结合语境加以解说。（4分）

个人修养

5 月
01 日

　　儒家思想强调修身、齐家、治国、平天下，这个序列当中，修身被置于首位，具有先决性的意义。修身是一个相对宽泛的话题，《论语》中在这方面的讨论也最多，足见孔子对这一问题的重视。

　　五月的主题是"个人修养"，一起来看看《论语》里有关修身、自律、性格养成等内容的篇章，看看孔子是怎样教弟子提高人格修养，提升修为的。

原文

子张问行①，子曰："言忠信，行笃敬，虽蛮貊②[mò]之邦，行矣。言不忠信，行不笃敬，虽州里③，行乎哉？立则见其参④于前也，在舆则见其倚于衡⑤也，夫然后行。"子张书诸绅⑥。

——《卫灵公》

注释

①行：通达。

②蛮貊：南蛮北貊，指当时南方和北方的少数民族。

③州里：五家为邻，五邻为里，五党为州。州里，指近处。

④参：耸立的样子，这里指排列、显现。

⑤衡：车辕前面的横木。

⑥绅：古代贵族系在腰间的大带。

译文

子张问如何才能使自己处处都能行得通。孔子说："说话要忠实诚信，做事要笃厚恭敬，即使到了偏远地区，也可以行得通。说话不忠实诚信，做事不笃厚恭敬，即使在本乡本土，就能行得通吗？站着时，就仿佛看到"忠信笃敬"这几个字显现在面前，坐车时，就好像看到这几个字靠在车辕前面的横木上，这样才能使自己处处都行得通。"子张把这些话写在腰间的大带上。

点评

子张为人勇武，行为举止端正庄严，重视道德的修养，但自信自大，非常傲慢，孔子评价他"性情乖僻"。所以，孔子教导子张做人做事要有分寸，取信于人，示人以诚恳，待人以敬安，这样才能够得人之地、行己之事、成己之业。孔子强调了"言忠信、行笃敬"的重要性，这不仅是对子张的警示，也是对世人的忠告。

原文

> 子曰："朝闻道①，夕死可矣。"
>
> ——《里仁》

注释

①道：大道、真理。

译文

孔子说："早晨能够得知真理，即使当天晚上就死去，也没有遗憾。"

点评

《论语》中关于道的论述有很多，道的含义也很丰富，有时指个人理想，有时指社会秩序，有时指志士仁人的道德追求。孔子这里所说的"道"究竟指什么，历来都有不同的解释，普遍认为，"道"就是宇宙人生的本质，权且可以理解为真理。孔子用有点夸张的言语，说出了自己对真理的渴求与希冀。生命是短暂的，真理是永恒的，孔子求道的精神激励着一代又一代人。

5月

04 日

原文

子曰："士志于道，而耻①恶衣恶食者，未足与议也。"②

——《里仁》

注释

①耻：以……为耻。

译文

孔子说："读书人立志追求真理，但（如果他）又以穿破衣服、吃粗糙饭食为耻，那这种人就不值得与他谈论真理了。"

点评

　　孔子在这一章提出了一个问题，怎样处理物质生活与精神生活的关系。在他看来，一个人应该把精神追求放在第一位，在追求真理的路上，要进德修身，要有不受环境干扰的毅力和坚定的决心。如果不能忍受生活的艰苦，那"士志于道"就是一句空话。

原文

> 司马牛问君子，子曰："君子不忧不惧。"曰："不忧不惧，斯谓之君子已乎？"子曰："内省不疚①，夫何忧何惧？"
>
> ——《颜渊》

注释

①疚：因有过失而感到内心惭愧痛苦。

译文

司马牛问怎样才是君子，孔子说："君子不忧愁，不恐惧。"司马牛说："不忧愁，不恐惧，这就已经算是君子了吗？"孔子说："内心自我反省的时候没有愧疚，还有什么可忧虑和恐惧的呢？（这样心地坦荡，还不算是君子吗？）"

点评

这一章，孔子提出了君子的一个特点——不忧不惧。君子为人行事以仁义为准则，所以问心无愧，心底坦荡无私，自然也就没有什么可忧愁和恐惧的。司马牛性子急躁，还容易担忧焦虑，孔子深知他这一特点，所以对症下药，告诉他"不忧不惧"就是君子。

5月

06日

子曰："吾犹及史之阙[quē]文①也，有马者借人乘之，今亡②[wú]矣夫③！"

——《卫灵公》

注释

①阙文：阙，同"缺"，缺失。史官记史，遇到有疑问的地方便缺而不记，叫作"阙文"。
②亡：同"无"，没有。
③矣夫：语气词，表示较强烈的感叹。

译文

孔子说："我还能看到在史书中有存疑空缺的地方。有马的人（自己不能驯服）借给别人骑乘（驯服），现在没有这种（真诚）的（精神）了。"

点评

这一章中的"有马者借人乘之"，被后人怀疑是误填此处，放在这里不好贯通理解。后世学者对这一句的解读纷繁复杂，本书只选取其中一种解释作为参考。孔子认为，以前的史家宁肯空缺也不臆测，以前的人自己不会驯服马，让别人帮忙，这都是诚实的表现，现在的人缺乏这种诚实。孔子这是在感叹世风日下，人心不古，他内心非常希望诚实敦厚的风尚能够继续保留下去。

原文

> 子曰:"人之生也直,罔①之生也幸而免。"
>
> ——《雍也》

注释

①罔:不正直,这里指不正直的人。

译文

孔子说:"人依靠正直生存在世上,不正直的人也能生存,不过是侥幸避免了祸患而已。"

点评

孔子认为,人生在世最重要的就是"直"。这个"直"是一种道德规范,包含正直、耿直、直率等良好的个人品质,是一个人的立身之本。"直"也有走正道的意思。坚守正道免不了要经历失落、困惑、无助,但最终一定能迈向康庄大道。而因经不住诱惑走上邪道的人,也许侥幸能尝到些甜头,但常在河边走,哪能不湿鞋,走邪路是看不到希望的。所以从长远来看,孔子劝人要走正路。

原文

> 子曰："已矣乎^①！吾未见能见其过而内自讼^②者也。"
>
> ——《公冶长》

注释

①已矣乎：算了吧。
②讼：谴责，责备。

译文

　　孔子说："算了吧，我还没有看见过能够看到自己的错误而又能从内心责备自己的人。"

点评

　　一个人有了错，能够自己认识到错误，就已经很不容易了，如果还能自我反省自我批评，那就是向君子看齐的人。在一个良好的社会环境中，"内自讼者"应该是很常见的，越是稀少，越说明社会风气不好。孔子说"已矣乎"，表达的是他对当时社会的无奈叹息，也是他对仁人君子的美好期盼。

原文

> 子曰："君子博学于文，约①之以礼，亦可以弗畔②矣夫！"[52]
>
> ——《雍也》

注释

①约：约束。
②畔：同"叛"，背离，背叛。

译文

孔子说："君子广泛地学习文化知识，再用礼来加以约束，这样也就可以不离经叛道了！"

点评

对个人而言，学习文化是补充建立正确价值观念的途径，而礼法则是规范约束具体行为的准绳。"博学于文"是外在的吸纳，"约之以礼"是内在的自律，从外到内，从行为到精神都在规矩之内，都有所约束，这样做的人，当然不至于背离正道。孟子也认为行动符合"礼"的要求就是道德的最高点。追求自由是不能没有约束的，明白了这一点，一个人也就知道自己应该怎么做了。

原文

子曰："述①而不作②，信③而好[hào]古，窃④比于我老彭⑤。" ㉑

——《述而》

注释

①述：阐述，传述。

②作：创造，创作。

③信：相信，确信。

④窃：私自，私下。

⑤老彭：人名，但究竟指谁，说法不一。此处认为应是彭祖。

译文

孔子说："（我）传述而不创作，相信并喜爱古代文化，我私下里把自己比作老彭。"

点评

这一章诞生了两个成语，"述而不作"和"信而好古"，这是孔子评价自己的话。"述而不作"只是孔子自谦的说法而已，实际上孔子是"述而大作"，他继承了以前的文明，整理编订了"六经"，还开创了具有崭新思想内涵的儒家理论。孔子身后两千年，儒家文化沁润进每一个中国人的基因当中。从这一点上完全可以说，大哉，孔子。

原文

子曰："德之不修，学之不讲，闻义不能徙[xǐ]①，不善不能改，是吾忧也。"⑳

——《述而》

注释

①徙：改变，这里指见到义改变意念去跟随。

译文

孔子说："不去培养品德，不去讲习学问，听到义却不能改变自己去追随，有缺点却不能改正，这些都是我所忧虑的。"

点评

孔子所说的这四种忧虑是有内在联系的，只有培养好道德，学习好知识，才能分得清善恶，才能向善和义靠近，才能及时改正自己的过失。其中，培养良好的德行是一切的前提。孔子的担忧，既是对自己的勉励，也是对当时世风的慨叹。圣人尚且常常自我警醒，普通的学习者更要时常从修养德行、提高学问、见义而从、改过迁善这几个方面自我督促。

原文

> 子曰："吾未见刚①者。"或对曰："申枨② [chéng]。"子曰："枨也欲，焉得刚?
>
> ——《公冶长》

注释

①刚：坚强不屈，刚强。
②申枨：孔子的学生，姓申，名枨，字周。春秋时期鲁国人，精通六艺，"七十二贤人"之一。

译文

　　孔子说："我没有见过刚毅不屈的人。"有人回答说："申枨是这样的人。"孔子说："申枨啊，他的欲望太多，怎么能刚毅不屈? "

点评

　　这一章衍生出一个成语"无欲则刚"。孔子所说的欲，是过分的私欲，私欲催生私利。一个私欲过盛的人，难免会为私利而轻易放弃自己的原则，所以做不到刚毅不屈。孔子认为"刚"是君子必备的人格特点，君子做事以道义为准则，心底无私，所以能刚毅不屈。

13日

原文

> 子曰："饭①疏食②，饮水，曲[qū]肱③[gōng]而枕之，乐亦在其中矣。不义而富且贵，于我如浮云。"⑥⑳
>
> ——《述而》

注释

①饭：吃，名词用作动词。

②疏食：粗粝的饭食，糙米饭。

③肱：上臂，泛指胳膊。

译文

孔子说："吃粗粮，喝凉水，弯起胳膊当枕头，其中也有乐趣。通过干不正当的事得来的富贵，对我来说就像浮云一般。"

点评

这一章孔子所说的话，对应到一个词语"安贫乐道"。君子仁人心中有更高的精神追求，所以不会执着于衣食住行，也不会因为贫困窘迫而忧愁。这种安贫乐道的精神，深深影响了中国古代的知识分子。但应该看到，孔子不是彻底否定追求富贵的行为，通过符合道义的方法得来的富贵是可以接受的。

原文

子曰："衣[yì]敝[bì]缊[yùn]袍[páo]，与衣狐貉[hé]者立，而不耻者，其由也与？'不忮[zhì]不求，何用不臧[zāng]？'"子路终身诵之。子曰："是道也，何足以臧？"

——《子罕》

注释

①衣：穿，名词用作动词。

②敝：坏，破旧。

③缊袍：破旧的袍子。缊，乱麻、乱絮。

④狐貉：用狐和貉的皮做的裘皮衣服。

⑤不忮不求，何用不臧：出自《诗经·邶风·雄雉》，意思是，不嫉妒，不贪求，为什么不好呢？忮，嫉妒。臧，善的，好的。

译文

孔子说："穿着破旧的袍子，与穿着狐貉裘皮衣服的人站在一起，而不觉得羞耻的，大概只有仲由吧！《诗经》上说：'不嫉妒，不贪求，为什么不好呢？'"子路（听到后，从此）常常念着这两句诗。孔子（知道后）又说："仅仅做到这个样子，又怎么能够好呢？"

点评

子路为人心地坦荡，不慕荣华，在修行上已经超出普通人很多了，孔子引用《诗经》中的话来夸赞他，但在看到子路因此有些得意后，孔子转而鞭策他，警示他不能满足于当下修到的德行，应该还要有更高远的追求。可以看出，孔子对子路寄予了厚望。

原文

子曰："德不孤①，必有邻②。"

——《里仁》

注释

①孤：孤单，孤独。
②邻：亲近，陪伴。

译文

孔子说："品德高尚的人不会孤单，一定有志同道合的人和他做伴。"

点评

这句话非常有名，孟子的"得道者多助，失道者寡助"是"德不孤，必有邻"的最好注脚。在君子所有的特点中，孔子认为德行是最重要的。一个人的美好德行就像吸铁石一样，会把其他志同道合的人吸引过来。这句话可以看作是孔子自己的信念，也是对弟子的勉励，在追求道义的路上不要怕孤单，要勇敢向前，自然会有同行者来到身边。

原文

> 子曰："吾未见好①德如好色者也。"
>
> ——《子罕》

注释

①好：喜爱，爱好。

译文

孔子说："我没有见过像爱好美色那样爱好德的人。"

点评

《大学》中有一句叫"所谓诚其意者，毋自欺也，如恶恶臭，如好好色"，保持内心的真诚，就是不要欺骗自己，像厌恶腐臭的气味一样，又像喜爱美色一样，都是发自内心。这一章孔子的感叹，是针对卫灵公的虚假好德而言的。孔子在卫国时，卫灵公佯装喜爱孔子推行的德，但依然宠信美姬南子，对孔子敬而不用。孔子心中所希望的，是人人都能发自内心地喜爱仁德。

原文

子贡问曰："有一言①而可以终身行②之者乎？"子曰："其恕乎！己所不欲，勿施于人。"

——《卫灵公》

注释

①言：言语或文章中的字。

②行：奉行，从事。

译文

子贡问孔子："有没有一个可以终身奉行的字呢？"孔子回答说："那就是恕吧！自己不愿意的，不要强加给别人。"

点评

"恕"在孔子的思想中很关键，是实现仁的必经之路。什么是"恕"？以己度人，将心比心就是恕。所以孔子说"己所不欲，勿施于人"，处理的是自身与别人的关系问题。看问题、做决定都从自身出发，这是人的本能。孔子认为，凡事多一点同理心，多从别人的角度考虑，做出的决定才是不会违背仁德的。"己所不欲，勿施于人"看上去是一件小事，却是需要终身奉行的。

原文

子曰："孟之反①不伐②，奔[bēn]③而殿④，将入门，策其马，曰：'非敢后也，马不进也。'"

——《雍也》

注释

①孟之反：鲁国大夫，又叫孟之侧。
②伐：夸耀。
③奔：败走，逃亡。
④殿：殿后，在全军最后做掩护。

译文

孔子说："孟之反不喜欢夸耀自己。败退的时候，他留在最后掩护全军。快进城门的时候，他鞭打着自己的马说：'不是我敢于殿后，是马跑得不快。'"

点评

公元前484年，鲁国与齐国打仗，鲁国大败。孟之反在队尾殿后，掩护撤退的鲁军，保护了众人。但孟之反不希望别人夸赞他，也不希望别人因此而感谢他，所以才说了上面的话。对孟之反的做法，孔子给予了高度的赞扬，认为他是一个君子。功不独居，谦逊克己，这是人的美德之一，也是君子修身的目标之一。

原文

> 子曰："奢则不孙^①[xùn]，俭则固^②。与其不孙也，宁[níng]固。"
>
> ——《述而》

注释

①不孙：孙，同"逊"，恭顺。不孙，即为不逊，这里指僭越礼数。

②固：固陋，寒酸。

译文

孔子说："奢侈了就会不恭顺，节俭了就会寒酸。与其不恭顺，宁愿寒酸。"

点评

　　奢侈和过度节俭都不符合中庸之道，但如果在两个中做选择，孔子宁愿选择节俭，因为奢侈就会越礼。周王朝制定了严格的礼乐等级制度，不同级别享有不同的生活标准和礼仪规模，以此来维护社会稳定。但到了孔子生活的春秋末期，各路诸侯、大夫骄奢淫逸，违背礼法，享受周天子级别的礼仪规模。孔子想要以礼乐治天下，所以与其越礼，他宁愿选择寒酸，以维护礼法的尊严。今天物质生活提高了，普通百姓也有了奢侈的可能，但孔子这句话依然有警示效果。

5月

20日

 原文

> 子曰："如有周公之才之美，使骄^①且吝^②，其余不足观也已。"
>
> ——《泰伯》

注释

①骄：骄傲。
②吝：吝啬。

译文

孔子说："（一个人）即使有周公那样美好的才能，但如果骄傲吝啬的话，那其他方面也不值得一提。"

点评

人们常说"一白遮百丑"，一个人如果很有才华，那就算有点小问题也不会被人们计较了。但孔子特意将周公之才和骄傲吝啬的小毛病对立起来，强调骄傲与吝啬的危害之大。一个修养差的人，即使有才华，也很难做出对别人有利的事。在孔子看来，德和才虽然都重要，但是如果无德而有才，那也不值一提。

5月

21日

原文

> 子曰："人无远①虑，必有近忧。"
>
> ——《卫灵公》

注释

①远：长远，深远。

译文

孔子说："人没有长远的考虑，一定会有眼前的忧患。"

点评

这是一句充满哲学思考的名言，也是孔子提出的一种思想方法，已经被后人当作成语来使用。孔子提醒人们，看问题要把目光放长远，要深谋远虑，这样才能通观全局，才不会事到临头却被眼前暂时的问题困住，才会更从容淡定，做起事来也更得心应手。另外，也可以把"远虑"当作一个长远的规划和目标。确定目标，并且为之奋斗，一切困难，都不过是实现目标的前提，将不再能够阻挡前行的道路。这样，不论从心理上还是从现实中，都不会被"近忧"所困扰。

原文

> 子曰："不患①人之不己知，患其不能也。"
>
> ——《宪问》
>
> 子曰："不患人之不己知，患不知人也。"
>
> ——《学而》
>
> 子曰："不患无位，患所以立。不患莫己知，求为可知也。"❸
>
> ——《里仁》

注释

①患：担忧，忧虑。

译文

孔子说："不担心别人不了解自己，应该担心自己没有能力。"

孔子说："不担心别人不了解自己，应该担心的是自己不了解别人。"

孔子说："不愁没有职位，只愁没有足以胜任职位的本领。不担心没人了解自己，应该追求能使别人知道自己的本领。"

点评

如果一个人因为被人误解，就耿耿于怀，而不去反省自己有什么不足，这样的人是不能进步的。孔子这三句话指出了一般人的通病，那就是总抱怨别人。孔子知道这种通病，所以强调"反求诸己"，从自身找原因，看看自己的德行和能力是否完善了，自己是否主动了解别人，是否践行了"恕"。从要求别人到要求自己，是旧我和新我抗争的过程，也是成为君子的必经之路。

原文

> 子曰："见贤^①思齐^②焉，见不贤而内自省^③[xǐng]也。"^⑪
>
> ——《里仁》

注释

①贤：贤人，有贤德的人。
②齐：看齐。
③省：反省，检查。

译文

孔子说："看见贤人就应该想着向他看齐；见到不贤的人，就要反省自己（有没有类似的毛病）。"

点评

孔子提出"见贤思齐，见不贤而内自省"的修养方法，就是为了表明，一个人在完善自己的人格和学问的过程中，自省永远是第一位的。《论语》中提到自省的地方非常多，修身就是修己，这是孔子的一贯思想。无论看到别人的善还是恶，都要反观自己，不停留在对别人的羡慕，不自暴自弃，不陷入对别人的指责中而忘了反省自己。

原文

> 子曰："躬自①厚而薄责于人，则远怨矣。"
>
> ——《卫灵公》

注释

①躬自：自己，亲自。

译文

孔子说："严厉地责备自己而少责备别人，就可以远离别人的怨恨了。"

点评

这句话概括来说就是"严于律己，宽以待人"。与人交往难免会有意见不合的时候，人际关系中纠纷和矛盾是无法避免的。面对这些情况，孔子历来主张主动承担责任，主动反省自身。多自省，少责备他人，以德服人，这样才能成为一个君子。

原文

> 子曰："以约①失之者鲜②[xiǎn]矣。"

——《里仁》

注释

①约：约束，节制。
②鲜：少。

译文

孔子说："因为约束自己而犯错误，这样的事情还是比较少的。"

点评

这一章是从反面证明自我约束、自我节制的重要性。孔子讲要修身，其实修身大致有两个方面的内容，一个是完善学问和德行，另一个就是约束自己不合理的欲望和行为。人的很多错误，都是由放纵引起的，所以孔子说，谨慎节制是减少失误的根本途径。

原文

> 季文子①三②思而后行。子闻之，曰："再，斯③可矣。"
>
> ——《公冶长》

注释

①季文子：鲁国正卿，季氏，名行[xíng]父[fǔ]，"文"是谥号。

②三：虚指，数次、多次。

③斯：就。

译文

季文子办事，要反复考虑多次后才行动。孔子听到后，说："考虑两次就可以了。"

点评

季文子是春秋时期鲁国季孙第二位宗主，为人过于谨慎，老于世故，当时的人们称颂他"三思而后行"，但孔子认为，这不符合中庸之道，思虑太过，就会丧失果断勇敢，往往也会错过做事的最佳时机。所以孔子说"再，斯可矣"，做事除了要适当思考，还要果断坚决。

原文

> 子曰："不逆①诈，不亿②不信，抑亦先觉者，是贤乎！"
>
> ——《宪问》

注释

①逆：预料，预测。
②亿：同"臆"，主观臆测。

译文

孔子说："不预先怀疑别人欺诈，不凭空猜测别人不诚信，却能先行察觉，这样的人是贤者啊。"

点评

这一章孔子描述了贤人具备的几个特质，那就是不盲目预设和揣测别人的动机，但是又可以预知。为什么贤人能做到这样？因为贤人心里坦诚，内心自然澄明如镜，所以心中无疑，多疑的人往往是因为自身内心不坦诚。正因为贤人心地澄明，所以有深厚的洞察力，可以做出正确的判断。孔子认为，盲目预设和怀疑都是没有意义的，应该向贤者看齐。

5月
28日

原文

> 子曰："三军①可夺帅也，匹夫②不可夺志也。"㉒㉓
>
> ——《子罕》

注释

①三军：古代大国有三军，每军一万二千五百人。此处代指一国的军队。

②匹夫：古代指平民中的男子，泛指普通老百姓。

译文

孔子说："一国的军队，可以使它丧失主帅；一个男子汉，却不可以强行改变他的志向。"

点评

这一章是传诵千古的名言，强调了人格的高贵，志向的尊严。三军丧失主帅可能是大势的影响，不完全受人力掌控。而志向却可以由一个人的内心来决定，只要坚定，哪怕外部诱惑再多，压力再大，志向都不会改变或丧失。古往今来，很多仁人志士都在践行着孔子这句话。

原文

子贡问曰："何如斯可谓之士①矣？"子曰："行己有耻，使于四方，不辱君命，可谓士矣。"曰："敢问其次。"曰："宗族称孝焉，乡党称弟②[tì]焉。"曰："敢问其次。"曰："言必信，行必果，硁硁③[kēng]然小人哉！抑亦可以为次矣。"曰："今之从政者何如？"子曰："噫！斗筲[shāo]之人④，何足算也？"

—— 《子路》

注释

①士：士在周代贵族中位于最低层。后来，士成为古代社会知识分子的通称。

②弟：同"悌"，敬爱兄长。

③硁硁：象声词，敲击石头的声音。这里引申为像石头那样坚硬。

④斗筲之人：比喻器量和见识狭小的人。筲，古代用来盛饭的竹器，容量为一斗二升。

译文

子贡问："怎样才可称得上是'士'呢？"孔子说："能用羞耻之心约束自己的行为，出使四方，不辜负君主的委托，这就可以称作'士'了。"子贡说："请问次一等的'士'是什么样的？"孔子说："宗族的人称赞他孝顺父母，乡里的人称赞他恭敬尊长。"子贡说："请问再次一等的'士'是什么样的？"孔子说："说话一定要诚信，做事一定要坚定果断，这些是耿直固执的小人，但也可以算是再次一等的'士'了。"子贡说："现在那些执政的人怎么样？"孔子说："唉！一帮器量狭小的家伙，算得了什么呢！"

173

　　这一章通过子贡和孔子的对话，展示了三个层次的"士"。第一等的士德行和才能是最高的，能够为整个国家做出贡献。第二等的士虽然没有大才，但德行可以称颂乡里。第三等的士在孔子看来是士的底线，这些人虽然说到做到，但是缺乏明辨是非和变通的能力。"言必信，行必果"历来为人所称道，但孔子认为这离最上等的士还很远。孟子后来对这句话有过注解："大人者，言不必行，行不必果，惟义所在。"君子做事以义为标准，在不违背义的情况下可以变通。

原文

子曰："有德者必①有言，有言者不必有德。仁者必有勇，勇者不必有仁。"

——《宪问》

注释	译文
①必：一定。	孔子说："有德行的人一定有好的言论，但有好言论的人不一定有德行。仁德的人一定是勇敢的，但勇敢的人不一定仁德。"

点评

这一章提出了德与言、仁与勇的关系。孔子认为，有德行的人会说一些有益于世道人心的言论，反过来未必成立。历史上很多著书立说的人，也不全是德行很完善的人，可见德行是比说出有价值的言论更难达到的。仁德的人具备了一切美好的品质，当然包括勇敢。但勇敢只是仁的一个必备条件，不等于仁。有的人很勇敢，但是未必用勇敢去做好事，这样的勇就不是正义的。在孔子看来，德行修养才是一个人的根本。

原文

> 子曰："君子谋道不谋食。耕也，馁[①][něi]在其中矣；学也，禄在其中矣。君子忧道不忧贫。"[20]
>
> ——《卫灵公》

注释

①馁：饥饿。

译文

孔子说："君子谋求的是道，而不谋求衣食。耕作，常常会有饥饿；学习，则可以得到俸禄。君子担忧的是能否学到道，不担忧贫穷。"

点评

"君子谋道不谋食"成为后来很多文人士大夫用以明志的格言，但也有不少人曲解了孔子的意思。孔子不是认为追求大道比追求食物更高级，而是告诫君子不要把自己限定在那些具体的事情上，要有一心学习大道的心志。君子追求的是修身治国平天下，是为天下人谋福祉。换句话说，如果实现了大道，还会贫穷挨饿吗？

精 选 真 题

⑳ 2023 年北京市海淀区高三上学期期末

请阅读下面《论语》的文字，回答问题。

①子曰："德之不修，学之不讲，闻义不能徙，不善不能改，是吾忧也。"

（《论语·述而》）

②子曰："君子谋道不谋食。耕也，馁在其中矣；学也，禄在其中矣。君子忧道不忧贫。"

（《论语·卫灵公》）

③子曰："饭疏食，饮水，曲肱而枕之，乐亦在其中矣。不义而富且贵，于我如浮云。"

（《论语·述而》）

（1）根据上面材料，分别概括"忧"与"乐"的内涵。

（2）结合上面材料，并联系阅读积累或生活实际，谈谈你对"忧"与"乐"关系的认识。

㉑ 2019 年浙江省名校协作体高考模拟

阅读下面三则材料，完成下面小题。（6分）

材料一：子曰："周监于二代，郁郁乎文哉！吾从周。"

（《论语·八佾》）

材料二：子曰："述而不作，信而好古，窃比于我老彭。"

（《论语·述而》）

材料三：是以圣人不期修古，不法常可^①，论世之事，因为之备。宋有人耕田者，田中有株，兔走触株，折颈而死，因释其耒^②而守株，冀复得兔。兔不可复得，而身为宋国笑。今欲以先王之政，治当世之民，皆守株之类也。

（《韩非子·五蠹》）

【注】①可：适用。②耒：古代耕地翻土的工具。

（1）"郁郁乎文哉"中的"文"在文中的意思是_____。
出自材料三的成语是_____。（2分）

（2）根据上述材料，请对孔子和韩非子的思想做简要评析。（4分）

㉒ 2020年浙江省宁波市中考

根据同学们积累的材料，完成相关任务。（6分）

【任务一】根据所学，解释下面三则材料中加点的词。（3分）

A. 苟利社稷，死生以之。

（《左传·昭公四年》）

B. 三军可夺帅也，匹夫不可夺志也。

（《论语·子罕》）

C. 吞舟之鱼，不游枝流；鸿鹄高飞，不集洿池。

（《列子·杨朱》）

（1）社稷：_____
（2）夺：_____
（3）集：_____

【任务二】请你将【任务一】中的三则材料作为书签内容，填在相应词语下方的横线上。(填序号)(3分)

志存高远
（1）_____

竭诚尽节
（2）_____

矢志不渝
（3）_____

㉓ **2020 年湖南省湘潭市中考**

名篇名句默写。(2分)

子曰："三军可夺帅也，_____。"

(《〈论语〉十二章》)

六月

教而不倦　学而不厌

6月
01日

　　六月对学生而言意味着考试，两个大考都在六月，所以六月也被称为考试月。因此，把六月的主题定为"教而不倦，学而不厌"，是再合适不过的。

　　虽然时间过去了两千多年，但是《论语》中很多观点立意高远，切中人性，至今仍然在教育中发挥着影响力，比如说有教无类、因材施教的教育理念。有教无类让每个孩子都拥有受教育的权利，因材施教充分尊重了每个孩子的特点。启发式的教育方法更是现代教育所推崇的。

　　六月，考试月，让我们在每日《论语》中看到孔子的教育观点，也挖掘出自己的学习兴趣。

原文

子适①卫，冉有仆②[pú]。子曰："庶③[shù]矣哉！"冉有曰："既庶矣，又何加④焉？"曰："富之。"曰："既富矣，又何加焉？"曰："教之。"㉔

——《子路》

注释

①适：往，到……去。

②仆：驾车的人，这里用作动词，指驾驭车马。

③庶：众多。

④加：增加。

译文

孔子到卫国去，冉有为他驾车。孔子说："人口真多啊！"冉有说："人口已经是如此众多了，我们还能再做些什么呢？"孔子说："使他们富裕起来。"冉有说："已经富裕了，又应该怎么做？"孔子说："教育他们。"

点评

春秋时期，衡量国家是否繁荣兴盛的一个重要标志，就是人口多寡。孔子认识到老百姓解决温饱之后才具备受教育的基础。在治国上，孔子认为，当一个国家物质富足了之后，要有更高的追求，要让老百姓接受教育。

03日

原文

子在陈^①，曰："归与！归与！吾党之小子狂简^②，斐_[fěi]然^③成章，不知所以裁^④之。"

——《公冶长》

注释

①陈：国名，大约在现在河南东部和安徽北部一带。

②狂简：志向高远但行为粗疏。

③斐然：有文采的样子。

④裁：裁剪，节制。

译文

孔子在陈国，说："回去吧！回去吧！我家乡的那帮学生志向远大但行为粗疏，虽然很有文采，（但需要有人教育，）我都不知道该如何教育他们。"

点评

陈国是孔子周游列国后期待的国家，他在陈国住了三年，赶上战乱才离开。这句话就是孔子和弟子们在陈国时所说。他的弟子得到了鲁国的召用，要回鲁国。孔子很含蓄委婉地说出了自己也想回国的念头。这既是孔子对故乡的思念，也是他对教育的执着和深情。

183

原文

子曰:"有教无类①。"

——《卫灵公》

注释　译文

①类:类别,区分。

孔子说:"人人都可以接受教育,没有高低贵贱类别差异。"

点评

孔子办私学,首先提出"有教无类"的教育理念,改变了过去学术、学校都掌握在官府的局面。除了出身贵族的子弟可以受教育外,其他各阶级、阶层都有了受教育的可能和机会。孔子广招门徒,不分国别、种族、氏族,平等地予以教育。单从这一点来说,孔子也是当之无愧的伟大的教育家。

原文

> 子曰："自行束脩① 以上，吾未尝无诲焉。"
>
> ——《述而》

注释

①束脩：脩，是指干肉条，一束干肉条大概有十根。

译文

孔子说："只要是自愿给我十条干肉作为见面礼物的，我从来没有不给予教诲的。"

点评

束脩是春秋时期最微薄的见面礼，孔子收学生，门槛就是束脩，目的是考验求学者的诚意。同时，也不至于让穷困家庭的孩子因为物质条件不好而丧失求学的机会。

原文

> 互乡①难与言，童子见，门人惑。子曰："与[yù]其进②也，不与其退也。唯何甚？人洁己③以进，与其洁也，不保其往也。"
>
> ——《述而》

注释

①互乡：地名，现已无法考证其具体位置。

②与其进："与"是赞赏的意思，"进"可以理解成进步。

③洁己：洁身自好，努力修养，这里有改正错误的意思。

译文

互乡那个地方的人很难与外人交流，（很多道理可能和他们都讲不通，）但孔子却接见了互乡的一个童子，学生们都感到迷惑不解。孔子说："我赞赏他的进步，不是赞赏他的倒退。何必做得太过分呢？人家改正了错误以求进步，我们（应该）赞成他改正错误，不要死抓住他的过去不放。"

点评

"与其进也，不与其退也"强调的是要肯定鼓励一个人当下的进步，对过去的小问题可以既往不咎。另外，不论是哪里的人，只要有心改过和学习，就可以得到教育，这也是孔子"有教无类""诲人不倦"的教学态度的生动体现。

6月
07日

原文

> 子曰："后生可畏，焉知来者之不如今也？四十、五十而无闻焉，斯①亦不足畏也已。"
>
> ——《子罕》

注释

① 斯：这样的人，代指"四十、五十而无闻"的人。

译文

孔子说："年轻人是可敬畏的，怎么知道他们将来赶不上现在的人呢？一个人如果到了四五十岁的时候还是默默无闻，那这样的人也就没有什么好敬畏了。"

点评

"后生可畏"这个成语正是出自这句话。中国人自古的习俗是尊老，认为老人有丰富的经验和知识积累，可以指导年轻人。但孔子认为年轻人拥有着无限的可能和希望，不能轻视年轻人。所以，孔子的教育观念是很先进的，在两千多年前就注意到年轻人才是教育的希望。

187

6月
08日

子曰："志于道，据于德，依于仁，游于艺。"

——《述而》

注释

①艺：指六艺，包括礼、乐、射、御、书、数。

译文

孔子说："以道为志向，以德为根据，以仁为依靠，而游憩于礼、乐、射、御、书、数六艺之中。"

点评

孔子的这句话，其实是一套教导弟子修身养性的方法，而且是有先后次序的。先要立志，然后以德和仁为纲领，实际操作是"六艺"。孔子也是这样来培养、教授他的学生的。另外，需要注意的是，孔子把"志于道"放在首位是有特殊意义的，强调的是求学先立志的重要性。

原文

> 子曰："诵《诗》三百，授之以政，不达①；使于四方，不能专对②；虽多，亦奚以③为？"
>
> ——《子路》

注释

①不达：达是通的意思，不达就是不通，这里指办不好。

②专对：独立应对。

③以：用。

译文

孔子说："熟读了《诗经》三百篇，把政务交给他，他却办不好；派他出使到四方各国，又不能独立应对外交；虽然读得多，又有什么用处呢？"

点评

孔子对那些学和用严重脱节的人给予了无情的否定，他强调的学习原则是学以致用。一个人阅读量大、知识广博自然是好事，但重点还是要落实到为我所用上。另外，我们从孔子这句话也能看出当时《诗经》在政事外交上的功能。

原文

> 子曰："君子食无求饱,居无求安,敏于事而慎于言,就^①有道^②而正^③焉,可谓好学也已。"^{④④}
>
> ——《学而》

注释

①就:靠近,看齐。

②有道:指学问、道德都很好的人。

③正:匡正,端正。

译文

孔子说:"君子吃饭不追求饱足,居住不追求安逸,做事勤奋敏捷,说话谨慎克制,接近有道德有学问的人,(并向他学习,)纠正自己的缺点,就可以称得上是好学了。"

点评

孔子对君子的"好学"提出了几点标准。君子不过分追求物质,要把主要精力放在去完善精神世界上,这是前提。后面两句则是具体的方法,一是少说多做,谨言慎行,二是向有学问德行的人看齐,知错就改。

原文

> 子曰："小子何莫学夫《诗》？《诗》，可以兴①[xīng]，可以观②，可以群③，可以怨④。迩⑤[ěr]之事父，远之事君；多识于鸟兽草木之名。"
>
> ——《阳货》

注释

①兴：激发情感。

②观：观察了解天地万物与人间万象。

③群：合群。

④怨：抒发感情，讽谏上级。

⑤迩：近。

译文

孔子说："学生们为什么不学习《诗》呢？学《诗》可以激发情感，可以用来观察天地万物及人间的盛衰与得失，可以使人懂得合群的必要，可以让人学会讽谏方法。往近了说，可以用来侍奉父母，往远了说，可以侍奉君主；还可以多知道一些鸟兽草木的名字。"

点评

孔子重视《诗经》的教化作用，在《论语》中多次引用《诗经》的句子，来证明自己的观点。而且他还强调《诗经》在人际交往中的实际意义。在这一章中，孔子通过兴、观、群、怨四个字告诉弟子，学习《诗经》有非常现实的作用。孔子准确概括了《诗经》的社会价值和教化功能，在文学批评史上的影响非常大。

原文

> 子曰："弟子①，入②则孝，出③则悌[tì]，谨④而信，泛爱众，而亲仁⑤。行有余力，则以学文⑥。"㉕
>
> ——《学而》

注释

①弟子：一般有两种含义，一是年纪较小为人弟和为人子的人，二是指学生。这里是第一种含义。

②入：进入内舍，和父母在一起。古时父子分别住在不同的居处，生活在内舍，学习在外舍。

③出：与"入"相对而言，指外出拜师学习。

④谨：谨慎少言。

⑤仁：名词，有仁德的人。

⑥文：文献、经典，主要指诗、书、礼、乐等文化知识。

译文

孔子说："小孩子在父母跟前，就孝顺父母，出门在外，要敬爱师长，言行要谨慎，寡言少语，要诚实可信，要广泛地去爱众人，亲近那些有仁德的人。这些都做到之后，还有余力的话，再去学习文化知识。"

点评

在这一章里，孔子强调了做人应当先培养良好的德行，然后再学文化知识。在道德学习上，特别值得注意的是"泛爱众，而亲仁"，这两点同等重要，不可偏废。"泛爱众"有助于培养一个人的爱心，"而亲仁"有助于提升一个人的仁德，从付出和接受两个角度，帮助一个人完善自身。

6月

13日

原文

樊迟①请学稼。子曰：“吾不如老农。”请学为圃②[pǔ]。曰：“吾不如老圃。”樊迟出，子曰：“小人哉，樊须也！上好礼，则民莫敢不敬；上好义，则民莫敢不服；上好信，则民莫敢不用情③。夫如是，则四方之民襁④[qiǎng]负其子而至矣，焉用稼？”⑮(54)

——《子路》

注释

①樊迟：名须，字子迟，继承孔子兴办私学。

②圃：菜地，引申为种菜。

③用情：情，实情。以真心实情来对待。

④襁：背负婴孩用的布巾。

译文

樊迟向孔子请教如何种庄稼，孔子说：“我不如老农民。”（樊迟）又请教如何种蔬菜，孔子说：“我不如老菜农。”樊迟出去了。孔子说：“樊迟真是个小人啊！居于上位的人爱好礼仪，老百姓就没有敢不恭敬的；居于上位的人爱好道义，老百姓就没有敢不服从的；居于上位的人爱好诚信，老百姓就没有敢不诚实的。如果能够做到这一点，那么，四方的老百姓就会背负幼子前来归服，为什么要自己种庄稼呢？”

点评

孔子认为，君子要学习的是怎样修身，完善自己的德行，以及如何治国平天下，而不是具体的农业劳动。居于上位的人要重视礼、义、信，在修身立德上下功夫，这样才能给老百姓作出表率，使民心归附。

原文

子曰："三人行①，必有我师焉；择其善者而从之，其不善者而改之。"㉖㉗

——《述而》

注释

①行：行走，同行。

译文

孔子说："几个人一起走路，其中必定有人可以做我的老师；我选取他的优点来学习，如果发现他的缺点，就（引以为戒，然后）改正。"

点评

这是《论语》中非常有名的一句话，常常被人引用来当作自己的座右铭。孔子总觉得自己的知识不够，德行还有进步的空间，所以能够看到别人身上的长处，然后向别人学习。这句话提醒人们，无论是做人还是学习，要时刻保持谦逊，知道人外有人、天外有天，同时还要取长补短，不断自省。

原文

子曰："学而不思则罔①，思而不学则殆②。" ㊳

——《为政》

注释

①罔：迷惘。
②殆：疑惑。

译文

孔子说："学习而不思考就会迷惘，思考而不学习就会疑惑不解。"

点评

这是关于学习和思考最著名的一句话。孔子认为，学习和思考是相辅相成的，不能偏废其中的任何一个。如果死读书，自己不思考，最终没有任何收获。反之，如果只是苦思冥想，没有基本的知识作为支撑，又不去实践，也将会陷入疑惑中而精疲力尽。应该在学习中思考，在思考中学习。

6月

16日

子路问："闻斯行诸？"子曰："有父兄在，如之何其闻斯行之？"
冉有问："闻斯行诸？"子曰："闻斯行之。"公西华曰："由也问'闻斯
行诸'，子曰'有父兄在'；求也问'闻斯行诸'，子曰'闻斯行之'。
赤也惑，敢问。"子曰："求也退①，故进之；由也兼人②，故退之。"㉙

——《先进》

注释

①退：遇事
退缩不前。
②兼人：好
勇过人。

译文

　　子路问："凡事一听到就行动吗？"孔子说："父亲和兄长
都在，怎么能听到就行动呢？"冉有问："凡事一听到就行动
吗？"孔子说："一听到就行动。"公西华说："仲由问'一听
到就行动吗'，您说'父亲和兄长都在（，怎么能一听到就行
动呢）'；冉求问'一听到就行动吗'，您说'一听到就行动'。
我（对您的回答）有些迷惑，斗胆问个明白。"孔子说："冉求
总是退缩，所以我鼓励他；仲由好勇过人，所以我约束他。"

点评

　　这个故事讲述了孔子的教育原则与教学方法，那就是因材施教。同样
的问题，不同的弟子来问，孔子给出了不同的答案。子路好勇斗狠，为
人刚猛，甚至有些鲁莽，所以孔子让他做事前要顾忌家人，要多听父兄
的劝告。而冉求性子懦弱，遇事退缩不进，孔子就鼓励他敢想敢干。孔
子能根据弟子不同的天赋制定不同的教育思路，显示出一个大教育家的
风范。

原文

> 子曰："不曰'如之何①，如之何'者，吾末②如之何也已矣。"
>
> ——《卫灵公》

注释

①如之何：怎么办。
②末：无，没。

译文

孔子说："不说'怎么办，怎么办'的人，我对他也不知道该怎么办了。"

点评

孔子用比较幽默的方式，讲述了做事要深思熟虑的道理。凡事应该多问问怎么办，给自己一些思考的时间，不要凭着一腔冲动，盲目地就作出决定。那些鲁莽而缺少思虑的人，往往容易出大问题，即使是大圣人孔子，也拿他没有办法了。

原文

> 子曰:"不愤①不启,不悱[fěi]②不发。举一隅③[yú]不以三隅反,则不复也。"
>
> ——《述而》

注释

①愤:苦思冥想而仍然领会不了的样子。
②悱:想说又不能明确说出来的样子。
③隅:角落,地方。这里指事物的一端或一面。

译文

孔子说:"(教导学生,)不到他冥思苦想仍想不明白的时候,不去开导他;不到他想说却说不出来的时候,不去启发他。给他指出一个方面,如果他不能由此推导出其他三个方面,就不再教他了。"

点评

在这一章里,孔子提出了著名的举一反三、启发式教学的思想。成语"举一反三"就是从这里诞生的。在教学的具体执行层面,孔子反对"填鸭式"的做法,也反对"一言堂"式的宣讲,他强调要在学生充分独立思考的基础上,再对他们进行启发,同时还要激发学生独立自主的联想领悟能力,做到举一反三。孔子的做法符合教学的基本规律,即使在今天的教学中仍然可以借鉴学习。

6月
19日

原文

> 子所雅言①,《诗》《书》、执礼,皆雅言也。
>
> ——《述而》

注释

①雅言:周王朝的官话,也就是标准语,相当于今天的普通话。

译文

孔子有用雅言的时候,读《诗经》《尚书》,执行礼事,都用雅言。

点评

孔子是鲁国人,平时说的是鲁国方言,但在正式场合孔子选择说雅言。这代表了孔子对文化传统和礼制的尊重,也代表了他对家国一统的一种认同。只有天下一家、天下大同,雅言才有存在的意义和必要,所以这天下一家的理想,就在他说的雅言之中。

原文

子曰："知之者不如好之者，好之者不如乐①[lè]之者。" ㉚

——《雍也》

注释

①乐：意动用法，"以……为乐"的意思。

译文

孔子说："（对于任何学问和技艺，）知道它的人，不如爱好它的人；爱好它的人，又不如以它为乐的人。"

点评

孔子把学习分了三个层次，分别是知之、好之和乐之，是层层递进的关系。乐之是最高的境界，学习只有乐在其中，才会收到最大的成效。换句话说，兴趣是一个人最好的老师。

原文

子曰："攻①乎异端②，斯③害也已④。"

——《为政》

注释

①攻：专攻，学习。

②异端：事情的一面、一边。

③斯：连词，这就、那就。

④也已：语气词。

译文

孔子说："（做事做学问）专攻一点，这就是有害的了。"

点评

关于"攻"和"异端"有很多不同的理解。有人说"攻"是攻击，异端是和自己意见不一样的人。也有人说"攻"指的是专攻治学，"异端"指的是学问只有单一的一面。还有观点认为，异端是中庸的反面。总之，孔子想要传达的核心思想，还是要有一颗包容的心、一颗广博的心。只有从多方面去思考、学习，对人、对事都不走极端，才有可能成为一个君子。

原文

子与人歌而善，必使反①之，而后和[hè]之。①

——《述而》

注释

①反：复，再。

译文

孔子与别人一起唱歌，如果（那人）唱得好，（孔子）一定请他再唱一遍，然后自己跟着唱。

点评

这一章不但体现了孔子对音乐的热爱，还体现了他的好学精神。他抓住一切可能的机会提升自己，哪怕是跟人一起唱歌，他也会注意向别人学习，完善自己。孔子认为音乐有教化作用，不但自己学，还让学生一起学。他给学生开设的课程"六艺"中就有音乐。

原文

子曰："譬如为山，未成一篑①[kuì]，止，吾止也。譬如平地，虽覆一篑，进，吾往也。"

——《子罕》

注释

①篑：盛土的筐子。

译文

孔子说："（做事情）就好像用土堆山，只差一筐土就完成了，（如果这时）停下来，那是我自己要停下来的。又像在平地上堆山，虽然只倒下了一筐土，（如果决心）继续前进，那（也）是我自己要前进的。"

点评

孔子用了一个堆山的例子，告诉学生功亏一篑和持之以恒是一体两面的，成败的关键还是在于自己的选择。他肯定了人的主动性，也是在勉励自己的学生，无论是做事情还是做学问，不管成功与否，都应该有意志和决心。

原文

> 子曰："南人有言曰'人而无恒，不可以作巫医'①。善夫！'不恒其德，或承之羞②。'"子曰："不占③[zhān]而已矣！"
>
> ——《子路》

注释

①巫医：用巫术为人治病的人。

②不恒其德，或承之羞：《易经》恒卦的一句爻辞。意思是说，人如果不能长期坚持自己的德行，有时就要遭受羞辱。

③占：占卜，占卦。

译文

孔子说："南方人有句话说，'人如果没有恒心，就不可以做巫医。'这话说得好哇！（《周易》说：）'（人如果）不能长期坚持自己的德行，有时就要遭受羞辱。'"孔子又说："（《周易》里的这句话是让没有恒心的人）不要占卜罢了。"

点评

这一章，孔子是在讲"恒"，一个人不论做什么事都要先有恒心。孔子非常强调"恒"，认为恒心是很多事情成功的前提，也是一个君子做人做事的原则。

原文

子曰："由，诲女^①[rǔ]知之乎？知之为知之，不知为不知，是知[zhì]也^②！"

——《为政》

注释

①女：同"汝"，"你"的意思。
②是知也：是，这；知，同"智"，智慧。

译文

孔子说："仲由，我教给你的，你懂了吗？知道就是知道，不知道就是不知道，这才是真正的智慧！"

点评

这一章是说对待知识的正确态度。懂了就是懂了，不懂就是不懂，不能不懂装懂，要实事求是、不浮夸，总之就是不要自欺欺人。孔子特别提醒子路，是因为子路为人好强直爽，常常自信过了头，以为自己都知道了。这又是孔子因材施教的一个典型例子。

原文

> 孔子曰："生而知之者，上也；学而知之者，次也；困①而学之，又其次也；困而不学，民斯为下矣。"
>
> ——《季氏》

注释

①困：困惑，疑难。

译文

孔子说："生来就明白道理的人，是上等人；经过学习以后才知道的，是次一等的人；遇到困难再去学习的，是又次一等的人；遇到困难还不学习的，这种人就是下等的人了。"

点评

孔子按照"知"的层次，把人分为了四种。生下来就明白道理的人是天才，不是主观努力就能达到的。孔子认为自己是"学而知之"的人，这是后天学习努力的最高等级。一般人也应该向孔子看齐，做一个主动学习的人。其实，想要做哪一类人，要面对什么样的生活，主动权、决定权永远在自己的手上。

原文

> 子曰："群居①终日，言不及义，好行小慧，难矣哉！"
>
> ——《卫灵公》

注释

①群居：聚在一起。

译文

孔子说："整天（和大家）聚在一起，说的话都和义理不相关，喜欢卖弄小聪明，这种人很难有长进。"

点评

孔子一针见血地揭示了那种整天混迹在人群中插科打诨，卖弄小聪明的人，认为这样的人很难有成就。孔子并没有否定群居，这是人的天性，但人要有独处的时间，在人群中也应该时刻以君子的标准要求自己。孔子这句话虽然说得很直接，但他的目的绝不是批评别人。孔子是要告诉大家要做什么样的人，过什么样的生活。

原文

> 子曰："饱食终日，无所用心，难矣哉！不有博弈①者乎？为之，犹贤乎已②。"
>
> ——《阳货》

注释

①博弈：博，一种游戏，先掷骰子，后行棋。弈，围棋。
②已：止、不动的意思。

译文

孔子说："整天吃得饱饱的，什么心思也不用，这就很难有出息了呀！不是有掷骰子、下围棋之类的游戏吗？干干这些，也比什么都不干好些。"

点评

上一章的"群居终日，言不及义"和这一章的"饱食终日，无所用心"，都是孔子最不能忍受的事。所以他比较罕见地提出严厉批评，认为这样的人很难教导，也不容易有成就。其实，这两种人有一个共同点，那就是懒怠、无所事事，这是对生命的一种浪费。

原文

冉求曰："非不说[yuè]子之道，力不足也。"子曰："力不足者，中道而废。今女[rǔ]画①。"

——《雍也》

注释

①画：停止。

译文

冉求说："我不是不喜欢老师的学说，是我力量不够。"孔子说："如果真是力量不够，会走到半路再走不动。现在你是还未用力就停止了。"

点评

面对冉求的疑虑，孔子给出的回答既是严厉的批评，同时也是一种鼓励。孔子强调了"立志"与"行动"的关系。做不做是态度问题，做不做得到才是能力问题。立志去做，因力不足而半途停止，跟一开始就放弃的人有着本质区别。

原文

子曰:"学如不及,犹恐失①之。"

——《泰伯》

注释

①失:失去,丢失。

译文

孔子说:"学习时总担心赶不上,赶上了还唯恐会丢失了。"

点评

孔子讲到了学习的态度问题。一个真正立志求学的人,要有学习的自觉性和紧迫感,学到之后,还要再巩固、实践、复习,真正做到学为所用。和"学而不厌"相比,"学如不及"突出了时间因素。在有限的人生里尽可能多地获取知识,体现了孔子积极精进的人生态度。

精选真题

◆

㉔ 2021年北京市西城区高考一模

阅读下面《论语》中的文字，回答问题。（5分）

子适卫，冉有仆①。子曰："庶②矣哉！"冉有曰："既庶矣，又何加焉？"曰："富之。"曰："既富矣，又何加焉？"曰："教之。"

（《论语·子路》）

【注】①仆：御车。②庶：人口众多。

短文中画线的句子反映了孔子怎样的思想？请用自己的话概述，并举例谈谈你对这一思想的认识。

㉕ 2016年北京市石景山区中考二模

结合《论语》的阅读积累，完成下列各题。（6分）

（1）《论语》中"爱众""敬事""亲仁""谨信""思无邪"等词语所传达的价值标准和道德规范构成了中华传统文化的基本精神。毕业在即，请从上面词语中任选一个，作为给好友的临别赠言，并向他说明赠言的用意。（3分）

（2）在孔子的众多弟子中，你愿意和谁成为朋友？结合《论语》阅读，简要说明选择的理由。（3分）

㉖ 2014年辽宁省铁岭市中考

古诗文默写填空。（2分）

择其善者而从之，＿＿＿＿＿＿＿＿＿＿。（《论语》）

㉗ **2020 年山东省济南市中考**

按要求填写相应语句。（2分）

三人行，＿＿＿＿＿＿＿＿＿＿。（《论语·述而》）

㉘ **2021 年湖北省咸宁市中考一模**

古诗文默写。（2分）

古文中有许多充满辩证思维的名句，例如《论语·为政》中就用
"＿＿＿＿＿＿，＿＿＿＿＿＿"来阐述"学"与"思"之间相互依存的关系。

㉙ **2018 年北京市高考**

根据要求，完成下题。（共5分）

《论语》记录了孔子与弟子间的许多对话，如《先进》篇：

子路问："闻斯①行诸？"子曰："有父兄在，如之何其闻斯行之？"

冉有问："闻斯行诸？"子曰："闻斯行之。"

公西华曰："由也问'闻斯行诸'，子曰'有父兄在'；求也问'闻斯行
诸'，子曰'闻斯行之'。赤也惑，敢问。"子曰："求也退，故进之；由也
兼人②，故退之。"

〔注〕①斯：就。②兼人：勇于作为。

请简要概述孔子三次回答的内容，并说明此则短文反映了孔子怎样的
思想。

㉚ **2020 年黑龙江省牡丹江市、贵州省黔南州中考**

古诗文默写。（2分）

知之者不如好之者，＿＿＿＿＿＿＿＿＿＿。

（《〈论语〉十二章》）

七月

为政以德

7月

01 日

导语

　　七月的主题是"为政以德"。所谓"为政"，就是治国安民。孔子的为政理念，一言以蔽之，就是以德为政。德政的核心在"德"，如此一来，当政者的德行就显得特别重要。所以，统治者治国和修身是一体的。那么，心中的德用什么形式来表现呢？用"礼"。《论语》讨论为政，一方面，强调领导者要做德行的表率；另一方面，也强调为君为臣做事都要遵照礼仪制度。

　　虽说孔子的为政主张到最后也没有得到有效的推行，但这是多种因素造成的，时代的局限性是其中很重要的原因。在如今的时代背景下，孔子的为政思想又会给人们什么样的启发呢？七月，为政以德，一起看看孔子如何阐述这个"德"字吧。

原文

> 子曰:"为政以德,譬如北辰①,居其所而众星共[gǒng]②之。"③④
>
> ——《为政》

注释

①北辰:北极星。
②共:同"拱",环绕。

译文

孔子说:"(当政者)用道德的力量来管理国家,(他)就会像北极星那样,在自己的位置上,别的星辰都环绕着它。"

点评

孔子坚信,只要当政者修养自己的德行,对天下百姓推行德政,人民自然而然地就会凝聚在他的周围,百姓就会万众一心。但良善的政治不能只靠当政者的善意和道德,而要靠所有人在共同目标下的共同努力。

原文

> 子曰："道①[dǎo]之以政，齐②之以刑，民免③而无耻④。道之以德，齐之以礼，有耻且格⑤。"㉛
>
> ——《为政》

注释

①道：有两种解释，一说是同"导"，指引导；一说是领导、治理。这里采用前一种。

②齐：使……整齐，约束。

③免：免罪，免刑，免祸。

④耻：羞耻之心。

⑤格：亲近，归服，向往。

译文

孔子说："用政令去引导百姓，使用刑罚来约束百姓，百姓只是求得免于罪过，却失去了廉耻之心。用道德教化引导百姓，使用礼制去规范百姓的言行，百姓不仅会有羞耻之心，而且人心归服。"

点评

治理国家，孔子主张让人民自我约束，他希望人们都有道德感和羞耻心，自觉地遵守各项法规。这是一种理想化的社会，现实中要做到很不容易。比较实际的政治形态，是"礼乐刑政"的统一，以德治国和依法治国相结合，二者相辅相成，从而创造出一个和谐安定的社会。

原文

哀公问曰:"何为则民服?"孔子对曰:"举直错诸枉①,则民服;举枉错诸直,则民不服。"③①③②

——《为政》

注释

①举直错诸枉:把正直的人摆在不正直的人上面,即选用贤人。举,选拔。直,正直。错,同"措",放置。枉,弯曲,引申为不合正道。

译文

鲁哀公问:"怎样才能使百姓服从呢?"孔子回答说:"提拔正直的人,把他们放在邪曲的人之上,老百姓就会服从了;(如果)提拔邪曲的人,把他们放在正直的人之上,老百姓就不会服从了。"

点评

怎样才能治理好国家?孔子说的"举直错诸枉"和诸葛亮的"亲贤臣,远小人"本质上是一样的。但关键的是,当政者如何做到,这对当政者是个极端严酷的考验。所以,表面上看,孔子说的是使用人才的具体方法,实际上,他还是在说管理者的德行和能力问题。

原文

> 季康子问政于孔子。孔子对曰："政者，正也。子帅①以正，孰敢不正？"
>
> ——《颜渊》

注释

① 帅，同"率"，引导，带头。

译文

季康子向孔子请教如何治理政务。孔子答道："政字的意思就是端正。您自己带头端正，谁敢不端正呢？"

点评

政是什么，是正道、正途。孔子把政治简化到了极致，那就是谁是上位者，谁就起表率作用，严格要求自己，不能当一个圣人，起码也要当一个君子。这样，上行下效，国家就治理好了。

原文

> 季康子患①盗，问于孔子。孔子对曰："苟②子之不欲，虽赏之不窃。"
>
> ——《颜渊》

注释

①患：意动用法，以……为患。
②苟：倘若，如果。

译文

季康子苦于盗贼太多，来向孔子求教。孔子对他说："如果您不贪求太多的财物，即使奖励人们去偷，他们也不会干。"

点评

孔子认为，犯罪的根源"在上不在下"。当政者贪得无厌，搜刮百姓，才逼得民间盗贼横行。如果当政者清正廉洁，老百姓也不会去铤而走险。孔子这是为了提点季康子，也是从长远的角度做出的回答，只有当政者有德，百姓有德，最终才能实现社会大同。

原文

季康子问政于孔子曰："如杀无道以就有道，何如？"孔子对曰："子为政，焉用杀？子欲善而民善矣。君子之德，风；小人之德，草。草上之风①，必偃②[yǎn]。"⑱

——《颜渊》

注释

①草上之风：风加之于草上，也就是风吹在草上。

②偃：倒下。

译文

季康子向孔子请教政事，说："假如杀掉坏人来亲近好人，怎么样？"孔子说："您治理国家，为什么要杀戮？您要是把国家治理好，百姓就会好起来。领导人的作风好比风，老百姓的作风好比草。风向哪边吹，草向哪边倒。"

点评

用杀戮的手段强制人民向善，注定以失败结局。要想使民从善，首先自己要善。孔子始终认为，要想管理好百姓，统治者要以身作责，做人民的表率。

原文

> 子路问君子。子曰："修己以敬。"曰："如斯而已乎？"曰："修己以安人①。"曰："如斯而已乎？"曰："修己以安百姓②。修己以安百姓，尧舜其犹病③诸！" 58 59
>
> ——《宪问》

注释

①安人：使别人安乐。

②安百姓：使百姓安乐。

③病：这里有"难、不易"的意思。

译文

子路问怎样做才算是一位君子。孔子说："修养自己来严肃认真地对待一切。"子路说："像这样就够了吗？"孔子说："修养自己来使别人安乐。"子路又问："像这样就够了吗？"孔子说："修养自己来使所有的百姓安乐。修养自己，使百姓都安乐，尧、舜大概都担心很难完全做到吧！"

点评

孔子说了君子进阶的三个阶段：修己以敬、修己以安人和修己以安百姓。君子的起点是修养自己的身心，君子的最高理想和最后目标是给人民带来幸福，君子是能够为他人带来福祉的人。虽然"修己以安百姓"很少有人能做到，但它可以成为君子毕生追求的一个目标，成为个人自我完善的不竭动力。

原文

> 或①谓孔子曰:"子奚②[xī]不为政?"子曰:"《书》③云:'孝乎惟孝,友于兄弟,施于有政④。'是亦为政,奚其为为政?"

—— 《为政》

注释

①或:有人。

②奚:为何,为什么。

③《书》:指《尚书》。"《书》云"以下三句可能是《尚书》的逸文,也就是《尚书》散失的文章或文字。

④施于有政:"有"字无实在的意义。这句话的意思是(把这种风气)影响到政治上去。

译文

有人问孔子说:"您为什么不当官参与政治呢?"孔子说:"《尚书》中说'孝就是要孝顺父母,友爱兄弟,(把这种风气)影响到政治上去'。这也是参与政治,为什么一定要当官才算参与政治呢?"

点评

孔子说出了他心目中的为政之本究竟是什么。在他看来,家国是一体的,为政要从人伦教化开始。也就是说,未必一定要到官场上施展才能,平常把家经营好,孝顺父母,友爱兄弟,并且引导别人向善向好,改善社会风气,这本身就是为政。

原文

子曰："无为而治者，其舜也与①？夫②[fú]何为哉？恭己正南面而已矣。"㉞

——《卫灵公》

注释

①与：同"欤"，语气词。
②夫：他。

译文

孔子说："能够不做什么就使天下得到治理的人，大概只有舜吧？他做了什么呢？他只是庄重端正地面向南坐在王位上罢了。"

点评

孔子说的无为而治和道家所讲的无为而治是有很大区别的。道家所倡导的无为而治是顺应自然规律，不去人为干涉；儒家所说的无为而治，是统治者让贤能的人充分发挥才能，而不是什么事都自己亲力亲为。

原文

子曰："其身正①，不令而行；其身不正，虽令不从②。"

——《子路》

注释

①正：端正，正当。
②从：顺从。

译文

孔子说："如果统治者自身行为正，不发命令，事情也行得通；如果他本身行为不正，即使是三令五申，百姓也不会听从。"

点评

孔子这句话是针对上位者讲的，指出了上位者自身德行的重要性，对普通人也很有启发。管理别人最好的办法，就是先管好自己，潜移默化的道德影响比强制性的命令和措施更有效。这适用于国家治理，也适用于家庭教育。

原文

> 子路曰："卫君①待子而为政，子将奚②先？"子曰："必也正名③乎！"子路曰："有是哉，子之迂④也！奚其正？"子曰："野哉，由也！君子于其所不知，盖阙⑤如也。名不正则言不顺，言不顺则事不成，事不成则礼乐不兴，礼乐不兴则刑罚不中⑥[zhòng]，刑罚不中则民无所错⑦手足。故君子名之必可言也，言之必可行也。君子于其言，无所苟⑧而已矣。"
>
> ——《子路》

注释

①卫君：卫出公，名辄，卫灵公之孙。其父蒯聩被卫灵公驱逐出国，卫灵公死后，辄继位。蒯聩要回国争夺君位，遭到辄拒绝。这里，孔子对此事提出了自己的看法。

②奚：疑问词，相当于"什么""哪里"。

③正名：正名分。

④迂：迂腐。

⑤阙：同"缺"，存疑的意思。

⑥中：得当。

⑦错：同"措"，安放，安置。

⑧苟：苟且，马虎。

　　子路（对孔子）说："假如卫国国君要您去治理国家，您打算先从哪些事情做起呢？"孔子说："那一定是纠正名分吧。"子路说："您竟然迂腐到了这种地步吗？这名怎么正呢？"孔子说："仲由，你真粗野啊。君子对他所不知道的事情，总是采取存疑的态度。名分不正，说起话来就不顺当合理。说话不顺当合理，事情就办不成。事情办不成，礼乐制度也就举办不起来。礼乐制度举办不起来，刑罚就不会公平得当。刑罚不得当，百姓就会（惶惶不安，）不知怎么办好。所以，君子给某一事物定下一个名分，一定有可以这样说的理由，而这样说了，也一定要能行得通。君子对自己的措辞，要做到一点也不马虎才算完事。"

　　孔子认为，名正则言顺，因此当政者要想让社会稳定，就必须以正名为先。

　　孔子和子路这场关于正名分的言论影响深远，后来历史上想要问鼎天下的人，都极端重视名分，都绞尽脑汁地来证明自己的名分。哪怕到了今天，名分也是现代人很重视的东西。

原文

定公①问："君使臣，臣事君，如之何？"孔子对曰："君使臣以礼，臣事君以忠。"

——《八佾》

注释

①定公：鲁国国君，姓姬名宋，"定"是谥号。

译文

鲁定公问："君主役使臣子，臣子服侍君主，各自应该怎么做？"孔子答道："君主应该依礼役使臣子，臣子应该忠心地服侍君主。"

点评

在孔子看来，君主和臣子的关系，属于彼此尊重，相互成全。君主是强势的一方，应当对臣子以礼相待，而且自己也要以身作则；人臣则应该尽忠，一心服侍君主，这是孔子心中完美的君臣关系。

原文

> 季康子问:"使民敬、忠以劝,如之何?"子曰:"临之以庄②,则敬;孝慈,则忠;举③善而教不能,则劝。"③
>
> ——《为政》

注释

①忠以劝:忠诚并互相勉励。以,通"与",和。劝,勉励。

②庄:庄重,庄严。

③举:推举,选用。

译文

季康子问:"要使百姓恭敬、忠诚并互相勉励,该怎么做?"孔子说:"如果你用庄重的态度对待百姓,百姓就会敬重你;如果你能孝顺父母、爱护幼小,百姓就会忠诚;如果你能任用贤能之士,教育培养能力弱的人,他们就会互相勉励。"

点评

孔子非常看重当政者自身的德行,他认为使百姓忠诚和敬服的方法,是当政者自身是一个正直善良、尊老爱幼、选贤举能又懂得教化的人,这和"其身正,不令而行"本质上是相同的。这番话虽然是孔子在两千多年前说的,但对现在一个组织、一个团体的管理者,甚至是对普通人,也都有很积极的意义。

原文

> 子谓《韶》①："尽美②矣，又尽善③也。"谓《武》④："尽美矣，未尽善也。"
>
> ——《八佾》

注释

①《韶》：相传是舜所作雅乐名。

②美：指乐曲的声音美。

③善：指乐曲的内容美。

④《武》：相传是周武王时的乐曲名。

译文

孔子评价《韶》说："美极了，而且也好极了。"评价《武》说："美极了，却还不够好。"

点评

这一章是孔子对音乐的点评，从中可以看到他一贯的德政思想。他认为舜本身充满美好的德行，就连王位都是禅让得来的，所以《韶》乐不仅好听，而且内容高尚。而《武》乐虽好听，但还不够善，因为周武王获得天子之位的方式充满了杀伐，虽然是正义战，但还是没有做到尽善。

原文

子曰："道①[dǎo]千乘[shèng]之国，敬事②而信，节用而爱人③，使民以时④。"㉕㉟

——《学而》

注释

①道：同"导"，引导，引申为治理。

②敬事：对待所从事的事务要谨慎专一、兢兢业业，即现在所说的敬业。

③人：古代"人"字有广义和狭义之分，广义是指一切人群，狭义是指士大夫以上各阶层的人，这里取狭义，和后文的"民"相对应。

④使民以时：时，农时。役使百姓要按照农时，不要误了耕作与收获。

译文

孔子说："治理拥有一千辆兵车的国家，应该恭敬谨慎地对待政事，并且讲究信用；要节省费用，爱护官吏臣僚；征用民力要在农闲时间。"

点评

孔子这句话的对象是国君。作为一国之君，应该从三个方面来治理国家，对待政事要敬业诚信，这是对国君自身的要求；对待臣下要廉洁仁爱，这主要是讲君臣关系；对待老百姓，要讲究时令。中国自古以来都很注重君与民的关系，这是依靠农业立国的中华民族始终遵循的古老的政治信条。

原文

子谓子产："有君子之道四焉：其行己①也恭，其事上②也敬，其养民也惠，其使民也义。"❽

——《公冶长》

注释

①行己：指的是立身行事。
②事上：侍奉君上或尊长。

译文

孔子评论子产说："他有四个方面符合君子的标准：他待人处世很谦恭，侍奉国君很恭敬认真，养护百姓有恩惠，役使百姓符合情理。"

点评

子产是春秋时期杰出的政治家和思想家，孔子对他评价很高，认为他完全符合君子的标准。孔子对子产的这四条评价，也可以作为当下人们为人处事的标准。行己也恭，平时待人处事应该谦恭；事上也敬，对待上级、师长也要恭敬；养民也惠，可以延伸为对下级要关心，懂得替他人着想；使民也义，可以延伸为对待人要有情有义。

原文

子曰："苟①正其身矣，于从政乎何有②？不能正其身，如正人何③？"

——《子路》

注释

①苟：如果。

②何有：有什么困难。

③如……何：把……怎么样，拿……怎么办。

译文

孔子说："如果端正了自己的言行，治理国家还有什么难的呢？如果不能端正自己，又怎么去端正别人呢？"

点评

孔子认为，统治者应该端正自己，给臣下和老百姓做出表率。这句话与前面所讲的"其身正，不令而行；其身不正，虽令不从"本质上是一样的，讲的还是"正人先正己"的道理。

原文

　　子之武城①，闻弦歌②之声。夫子莞[wǎn]尔③而笑曰："割鸡焉用牛刀？"子游对曰："昔者偃也闻诸夫子曰，'君子学道则爱人，小人学道则易使也'。"子曰："二三子！偃之言是也。前言戏之耳。"

——《阳货》

注释

①武城：鲁国的一个小城，当时子游是武城宰，即武城的县长。
②弦歌：弦，弦乐器，当时一般指琴瑟。弦歌是以琴瑟伴奏歌唱。
③莞尔：微笑的样子。

译文

　　孔子到了武城，听到弹琴瑟唱诗歌的声音。孔子微笑着说："杀鸡何必用宰牛的刀呢？"子游回答说："以前我听老师说过，'君子学习了道就会爱人，老百姓学习了道就容易听指挥'。"孔子说："同学们，言偃的话是对的。我刚才说的话是同他开玩笑罢了。"

点评

　　子游在武城这个小地方用礼乐这种大道实践着孔子以礼乐治国的思想，而且很有效果，孔子很是欣慰和高兴，便开了玩笑，可见孔子也有言语诙谐和真性情的一面。这一章也衍生出一个成语"杀鸡焉用牛刀"，比喻大材小用或者小题大做。

原文

子曰："听讼①，吾犹人也。必也使无讼乎！"②

——《颜渊》

注释

①讼：诉讼，打官司，这里指诉讼案件。

译文

孔子说："审理诉讼案件，我（用的方法和流程）同别人一样。重要的是必须使诉讼的案件根本不发生！"

点评

孔子做过鲁国的大司寇，就是主管治安刑狱的，这句话应该是他做大司寇的时候说的。孔子并不满足于把案件处理得多么好，他想实现的是天下再也没有矛盾争端。"无讼"只能靠道德教化来实现，虽然这实现起来不容易，但孔子德化的思想可见一斑。现实中，用彻底的道德教化取代法律，不太行得通，应该法律和道德同时使用，用法的同时，不断提高人们的道德水平。

原文

> 子路问政。子曰："先①之②，劳③之。"请益④。曰："无倦⑤。"
>
> ——《子路》

注释

①先：走在前面，这里引申为带头。

②之：代词，指老百姓。

③劳：使……勤劳。

④益：增加。

⑤无倦：不厌倦，不松懈。

译文

子路问为政的方法。孔子说："先给老百姓做榜样，然后让他们勤劳（地工作）。"子路请求多讲一些。孔子说："（兢兢业业地工作，）永远不要懈怠。"

点评

孔子针对子路的性格特点，给他提出了管理政事的方法是率先做个榜样，然后持之以恒地做下去。这也是孔子一贯主张的身先示范。用今天的视角来看，孔子这句话对普通人也很有意义。主动去做，然后影响其他人，同时孜孜不倦，就一定能把事情办成。

原文

子夏为莒[jǔ]父[fǔ]①宰，问政。子曰："无欲速，无见小利。欲速则不达，见小利则大事不成。"③¹

——《子路》

注释

①莒父：鲁国的一个城邑，现在已经不知确切的位置，有说在山东省莒县境内，山东通志认为是在高密市东南。

译文

子夏做了莒父地方的长官，问孔子怎样治理政事。孔子说："不要急于求成，不要贪图小利。急于求成，反而达不到目的；贪小利则办不成大事。"

点评

急于求成和贪图小利，其实是相互关联的，究其根本，都是过于注重实际的利益。孔子表面上是在讲具体的做事原则，实际上指向的还是人的内心。他反复强调修身，就是让人用修行来避开内心对利益的贪求，克己守礼，做一个心胸开阔、眼界高远的君子。

原文

谨权量①[liàng]，审法度②，修废官，四方之政行焉。兴灭国，继绝世，举逸民，天下之民归心焉。所重：民，食，丧，祭。宽则得众，信则民任焉，敏则有功，公则说。㉝

——《尧曰》

注释

①权量：权，秤锤，这里指称量重量的标准。量，量容积的容器，如斗、斛一类，这里指量容积的标准。

②法度：度，长度。量长度的标准。

译文

检验并审定度量衡，恢复已经废弃的机关工作，天下四方的政令就会通行了。复兴灭亡了的国家，承续已断绝的宗族，提拔被遗落的人才，天下的百姓就会诚心归服了。所重视的是：民众，粮食，丧礼，祭祀。宽厚就会得到众人的拥护，讲信用就会得到民众的信任，勤敏就能取得功绩，公正就会让老百姓高兴。

点评

这段文字选自《尧曰》的第一章，孔子结合周武王的政绩，阐述了自己的理政思想。其中的"民、食、丧、祭"最能体现孔子在政事上的主张，他把民放在第一位，可见他以民为重的仁爱之心。从这段话里能看到孔子有关"治国安邦平天下"的思想。

原文

> 子之所慎：齐①、战、疾。
>
> ——《述而》

注释

①齐：同"斋"，斋戒。古人在祭祀前要沐浴更衣，不吃荤，不饮酒，整洁身心，戒除娱乐活动，表示虔诚之心，这叫作斋戒。

译文

孔子所谨慎小心对待的是斋戒、战争和疾病这三件事。

点评

孔子认为，认真谨慎地遵行斋戒之礼，是对祖先和神明的基本尊重。孔子是反对轻易动武的，这与"仁"的理念相悖。另外，关注自己的身体健康，爱惜自己的生命，才能进而推广到爱惜别人的生命，这本身就是仁的体现。

原文

季氏富于周公[1]，而求[2]也为之聚敛[3]而附益之。子曰："非吾徒也。小子鸣鼓而攻之可也。"

——《先进》

注释

①周公：有两种说法，一种说法是泛指周天子左右的卿士，还有一种说法认为指的是周公旦。

②求：冉求。

③聚敛：积聚、收集钱财，即搜刮。

译文

季氏比周天子左右的卿士还富有，可是冉求还为他搜刮，（给他）增加更多的财富。孔子说："冉求不是我的学生，你们大家可以大张旗鼓地去攻击他。"

点评

这是孔门师生之间发生的一次比较激烈的冲突。冉求帮季康子推行新的赋税政策，在孔子看来，这是盘剥百姓，助纣为虐，是不义的。不过冉求也并不是大奸大恶之徒，他有出色的军事能力、行政能力和理财能力，只是对礼乐教化、追求仁义兴趣不大。这一点，孔子也颇为无奈。不过，冉求后来也逐渐转变了想法，注重自身德行修养的提升了。

原文

> 子曰："民可使由①之，不可使知之。"
>
> ——《泰伯》

注释

①由：遵从，遵照。

译文

孔子说："可以使民众照着我们的道路去走，不可以让他们知道为什么要这样做。"

点评

关于这一章，也有人断句为："民可使，由之；不可使，知之。"如果百姓可用，那就任由百姓去做；如果百姓做得不到位，那就教育他，让他知道。这个角度的解读更能体现孔子的人道主义、民本主义思想。无论如何，孔子都不会轻视民众的，这一点不能曲解。

原文

> 子张问政。子曰:"居之无倦①,行之以忠②。"
>
> ——《颜渊》

注释

①倦:懈怠。
②忠:忠诚无私,尽心竭力。

译文

子张问怎样治理政事。孔子说:"在位时不要懈怠,执行君令要尽心竭力。"

点评

居之无倦,从心态上来说,是不懈怠;行之以忠,从行动上来说,是尽心竭力。心态、行动都到位了,也就能做好事情了。"无倦"两个字其实很难做到,然而,孔子做到了。他两件事做到了"无倦":一是好学,好学不倦;另一是教育学生,诲人不倦。

原文

齐人归①[kuì]女乐，季桓子②受之，三日不朝，孔子行。

——《微子》

注释

①归：同"馈"，赠送。
②季桓子：季孙斯，从鲁定公到哀公初年时的执政上卿，死于哀公三年。

译文

齐国送了许多歌姬舞女给鲁国，季桓子接受了，三天不问政事，孔子就离职走了。

点评

鲁定公时，孔子任大司寇，在他的管理下，鲁国国内出现了祥和安定的局面。齐国送去歌舞女色，想要瓦解鲁国君臣振兴鲁国的意志，而季桓子和鲁定公果然中计，孔子劝谏无效，就离开了鲁国。表面上孔子是负气出走，实际上是因为他得不到国君的坚定支持和信任，更得不到鲁国贵族的支持，才不得不走的。

原文

仲弓为季氏宰①，问政。子曰："先有司②，赦小过，举贤才。"曰："焉知贤才而举之？"曰："举尔所知。尔所不知，人其舍诸？"③

——《子路》

注释

①季氏宰：管理季氏封地费[bì]邑的长官，在当今山东费县。宰，主宰，主管，这里是官名。
②有司：负责具体事物的官吏。

译文

仲弓做了季氏的总管，向孔子问怎样管理政事。孔子说："给手下的工作人员带头，不计较人家的小错误，提拔优秀的人才。"仲弓说："怎样去识别优秀人才，把他们提拔出来呢？"孔子说："提拔你所知道的（人才）；那些你不知道的（人才），别人难道会埋没他吗？"

点评

这一章里，孔子提了更多治理政事上的细节，但依然把作出表率放在第一位，可见孔子对修身的重视。在任用人才上，孔子也有独到见解，只要管理者让别人看到他是真的在选拔人才，那么人才就会自动靠拢过来。

原文

> 子游为武城宰。子曰："女得人焉尔乎？"曰："有澹[tán]台灭明①
> 者，行不由径，非公事，未尝至于偃之室也。"
>
> ——《雍也》

注释

①澹台灭明：人名，姓澹台，名灭明，字子羽。后来也是孔子的学生。

译文

子游担任武城地方的长官。孔子说："你在那里得到什么优秀人才了吗？"子游回答说："有个名叫澹台灭明的人，行路时不抄小道，不是公事从不到我家里来。"

点评

孔子很渴慕人才，但他也曾因为澹台灭明相貌丑陋而误解过他，后来孔子十分后悔。行为最能证明一个人，澹台灭明作风正派，没有因为自己的相貌而自轻自贱，他跟随孔子学习，学风端正，好求上进，最终成为"七十二贤人"之一，成为一代名师。

原文

> 齐景公问政于孔子。孔子对曰："君君，臣臣，父父，子子。"公曰："善哉！信如君不君，臣不臣，父不父，子不子，虽有粟，吾得而食诸？"
>
> ——《颜渊》

注释

①君君、臣臣、父父、子子："君君"，第一个"君"是名词，解释为君主，第二个君是名词用作动词，解释为像君、尽君道。后面的词语解释以此类推。

译文

齐景公向孔子问政事。孔子答道："君要像个君，臣要像个臣，父亲要像父亲，儿子要像儿子。"齐景公说："对呀！若是君不像君，臣不像臣，父不像父，子不像子，即使粮食很多，我能吃得着吗？"

点评

很多人因为这一句"君君、臣臣、父父、子子"抨击孔子，说他提出"三纲五常"扼杀人性，其实，"三纲五常"是后世当权者为了维护统治阶级的权威而提出的一个概念，并非孔子的意思。孔子是要人各安本分，各尽其责，每个人在修身之外还能扮演好自己的社会角色，这样天下才会安定太平。

精选真题

㉛ 2022 年北京市第一六一中学高二下学期期中

根据要求，回答问题。

材料一：子曰："道之以政，齐之以刑，民免而无耻。道之以德，齐之以礼，有耻且格。"

材料二：哀公问曰："何为则民服？"孔子对曰："举直错诸枉，则民服；举枉错诸直，则民不服。"

材料三：子夏为莒父①宰，问政。子曰："无欲速，无见小利。欲速则不达，见小利则大事不成。"

材料四：季康子②问："使民敬、忠以劝，如之何？"子曰："临之以庄，则敬；孝慈，则忠；举善而教不能，则劝。"

【注】①莒父：鲁国的一个城邑，在今山东省莒县境内。②季康子：即季孙肥，春秋时期鲁国的正卿。

（1）翻译划线句。

（2）以上几则论语阐释了哪些治理国家的道理和方法，试概括至少三个方面。

㉜ 2020 年浙江省宁波市效实中学高考二模

阅读下面的材料，完成下面小题。

材料一：哀公问曰："何为则民服？"孔子对曰："举直错①诸枉，则民服；举枉错诸直，则民不服。"

（《论语·为政》）

材料二： 或谓孔子曰："子奚不为政？"子曰："《书》云：'孝乎惟孝，友于兄弟，施②于有政。'是亦为政，奚其为为政？"

（《论语·为政》）

材料三： 子曰："苟正其身矣，于从政乎何有？不能正其身，如正人何？"

（《论语·子路》）

材料四： 仲弓为季氏宰，问政。子曰："先有司，赦小过，举贤才。"

（《论语·子路》）

【注】①错：放置。②施：推及，延及。

（1）材料一中"枉"字的意思是（　　　　），材料一指出了（　　　　）的重要性。

（2）结合以上材料，简要概括孔子对"为政"的看法。

㉝ **2023 年北京市平谷区高考一模**

阅读下面《论语》中的文字，回答问题。

谨权量，审法度，修废官，四方之政行焉；兴灭国，继绝世，举逸民，天下之民归心焉。所重：民、食、丧、祭。宽则得众，信则民任焉，敏则有功，公则说。

（《论语·尧曰》）

（1）翻译划横线句子。

（2）这段文字是孔子对三代以来美德善政的高度概括，也是《论语》全书中治国思想的总结。请结合这段文字，分析孔子理想中的"美德善政"所包含的具体内容。

阅读下面的材料，完成下面小题。（6分）

子曰："为政以德，譬如北辰，居其所而众星共之。"

（《论语·为政》）

子曰："无为而治者，其舜也与？夫何为哉？恭己正南面而已矣。"

（《论语·卫灵公》）

何必劳神苦思，代下司职，役聪明之耳目，亏无为之大道哉。

（《谏太宗十思疏》）

（1）"北辰""众星"分别比喻＿＿＿＿、＿＿＿＿。（2分）

（2）综合上述材料，谈谈你对儒家的"无为而治"的理解。（4分）

阅读下面的材料，完成下面小题。（4分）

子曰："道千乘之国，敬事而信，节用而爱人，使民以时。"

（《论语·学而》）

仲弓问子桑伯子。子曰："可也，简。"仲弓曰："居①敬而行②简，以临其民，不亦可乎？居简而行简，无乃大③简乎？"子曰："雍之言然。"

（《论语·雍也》）

【注】①居：居心。②行：做事。③大：同"太"。

（1）从材料中可以看出孔子的政治思想是以＿＿＿＿为本。"敬事"的意思是＿＿＿＿＿＿。（2分）

（2）孔子认同"居敬而行简"优于"居简而行简"，试做分析。（2分）

8月
01日

八月，一起来看孔子关于"仁"的表述。"仁"是孔子思想体系中的核心概念，是对个人道德的至高要求，是治国理政的最高境界。它高远而又切近，看上去遥不可及，又呈现在人们点点滴滴的生活中。

那究竟什么是"仁"？在孔子心目中，"仁"所包含的内容很广，具体地来说，它是对人的热爱，是对礼的坚守，是道德的自我完善，是一份信念，更是一种行动……

八月的主题是"仁者爱人"。走进《论语》，一起看看孔子如何解读"仁"的真正内涵。

原文

颜渊问仁。子曰："克己复礼①为仁。一日克己复礼，天下归仁②焉。为仁由己③，而由人乎哉？"颜渊曰："请问其目④。"子曰："非礼勿视，非礼勿听，非礼勿言，非礼勿动。"颜渊曰："回虽不敏，请事斯语矣。"第52节54

——《颜渊》

注释

①克己复礼：克己，克制自己。复礼，使自己的言行符合礼的要求。

②归仁：称仁的意思。

③为仁由己：修行仁德是由自己支配的事，行不行全在于自己。

④目：细目、条目。

译文

颜渊问什么是仁。孔子说："克制自己，使言语行动都合于礼，就是仁。一旦这样做了，天下的人都会称许你是仁人。实践仁，全靠自己，难道还靠别人吗？"颜渊说："请问仁的条目（做到仁的具体路径）。"孔子说："不合礼的事不看，不合礼的话不听，不合礼的话不说，不合礼的事不做。"颜渊说："我虽然迟钝，也要实行您这话。"

点评

在孔子看来，礼是规矩，是对人行为和语言的约束，当一个人能克制住自己不合理的欲望和杂念，处处讲规矩，讲礼，那他就一定在实践仁。

当然，孔子的格局还要更大。他认为，可以靠着执行礼的制度来让上位者和百姓的内心都清明、纯粹，从而实现一种清明政治，那就达到"仁"的境界了。

8月
03日

原文

> 子张问仁于孔子。孔子曰："能行五者于天下，为仁矣。""请问之。"曰："恭，宽，信，敏，惠。恭则不侮①，宽则得众，信则人任焉，敏②则有功，惠则足以使人。"
>
> ——《阳货》

注释

①侮：轻慢、侮辱，这里指被人轻慢，遭受侮辱。
②敏：勤敏。

译文

子张向孔子问仁。孔子说："能够在天下实行五种品德，就是仁了。"（子张说：）"请问是哪五种品德？"孔子说："恭敬，宽厚，诚实，勤敏，慈惠。恭敬就不致遭受侮辱，宽厚就会得到众人的拥护，诚实就会得到别人的任用，勤敏就会取得功绩，慈惠就能够使唤人。"

点评

这一章里，孔子对仁的阐述是针对子张说的。子张为人张扬，不拘小节，有点刚愎自用，常常会忽视别人的感受，孔子因材施教，给出了"恭敬、宽厚、诚信、勤敏、慈惠"这样的答案，可以说，这是给子张量身定做的修身方案。当然，"恭、宽、信、敏、惠"也适用于每一个人。

251

原文

> 子贡曰："如有博①施于民而能济②众，何如？可谓仁乎？"子曰："何事于仁，必也圣乎！尧舜其犹病诸！夫仁者，己欲立而立人，己欲达而达人。能近取譬③，可谓仁之方也已。"
>
> ——《雍也》

注释

①博：广泛，普遍。
②济：帮助，救济。
③譬：比方，比喻。

译文

　　子贡说："如果一个人能广泛地给民众以好处，而且能够帮助众人生活得很好，这人怎么样？可以说他有仁德了吗？"孔子说："哪里仅仅是仁德呢，那一定是圣德了！尧和舜大概都难以做到！一个有仁德的人，自己要站得住，同时也使别人站得住，自己要事事行得通，同时也使别人事事行得通。凡事能就身边切近的事情做起，可以说是实践仁道的方法了。"

点评

　　这一章，孔子提到了"仁"和"圣"的区别。"仁"是向内求的，通过提高自己的学问、能力、素养来影响别人，实现仁。圣是在仁的基础上再上一层，把恩惠施给天下人。孔子认为应该先从实践仁做起。如今，"己欲立而立人，己欲达而达人"的推己及人思想，也成为中国人为人处事的价值观。

原文

> 子贡问为仁，子曰："工欲善其事，必先利其器。居是①邦也，事②其大夫之贤者，友其士之仁者。"
>
> ——《卫灵公》

注释

①是：这。
②事：侍奉。

译文

子贡问怎样实践仁德，孔子说："工匠要想做好工，必须先把器具打磨锋利。住在这个国家，就要侍奉大夫中的贤人，结交士中的仁人。"

点评

孔子告诉子贡，学习和实践仁德其实是有方便法门的。像子贡这样有身份、有地位的商人，想要实践仁德，最好的方法，就是去结交卿大夫中的贤者，士人当中的仁者。因为这两类人都是修养、见识极好的人。子贡结交这类人，跟着这类人学习，借鉴他们的做法，能尽快提高自身的修为。

原文

> 樊迟问仁，子曰："居处恭，执事敬，与人忠。虽之①夷狄，不可弃也。"
>
> ——《子路》

注释

①之：动词，到。

译文

　　樊迟问什么是仁。孔子说："平日里态度端正恭素，对待工作严肃认真，为人办事一心一意。（这几种品德，）就是到了文明程度不高的荒蛮之地，也是不能废弃的。"

点评

　　针对樊迟关于仁的提问，孔子从生活、工作和交友三个方面，给出了"恭""敬""忠"的答案，孔子叮嘱樊迟，无论在什么样的处境，都要坚持这三桩做人的道理。恭、敬、忠是一以贯之的，只有平时养成了态度端正的好习惯，在外做事、交友才会谨慎、尽心竭力。

原文

樊迟问仁，子曰："爱人。"问知[zhì]。子曰："知人。"樊迟未达，子曰："举直错诸枉，能使枉者直。"樊迟退，见子夏，曰："乡①[xiàng]也，吾见于夫子而问知[zhì]，子曰'举直错诸枉，能使枉者直'，何谓也？"子夏曰："富哉言乎！舜有天下，选于众，举皋[gāo]陶②[yáo]，不仁者远矣。汤有天下，选于众，举伊尹③，不仁者远矣。"㊱

——《颜渊》

注释

①乡：同"向"，过去。在这里是刚才的意思。

②皋陶：舜时的贤臣。

③伊尹：商汤时辅相，辅佐商汤灭夏建商。

译文

樊迟问什么是仁，孔子说："爱人。"又问什么是智。孔子说："善于鉴别人物。"樊迟不理解，孔子进一步解释说："把正直的人提拔出来，把他们（的职位）安置在不正直的人上面，能够使不正直的人变得正直。"樊迟退了出来，见到子夏，说："刚才我去见老师，向他问智，他说，'把正直的人提拔出来，把他们（的职位）安置在不正直的人上面，能够使不正直的人变得正直。'这是什么意思？"子夏说："这是意义多么丰富的话呀！舜有了天下，在众人之中挑选（人才），把皋陶提拔出来，坏人就难以存在了。汤有了天下，在众人之中挑选（人才），把伊尹提拔出来，坏人也就难以存在了。"

孔子站在当政者、管理者的角度回答了什么是智，那就是能够辨识人才，举用贤才。从这一章也可以看出樊迟的好学精神。他一问老师，再问老师，三问同门，一定要问个明白，这种求学的热情，非常值得赞赏和效仿。

原文

> 司马牛问仁，子曰："仁者，其言也讱①[rèn]。"曰："其言也讱，斯谓之仁已乎？"子曰："为之难，言之得无讱乎？"㊳
>
> ——《颜渊》

注释

①讱：因谨慎而言语迟缓，话不轻易说出口。

译文

司马牛问什么是仁，孔子说："仁人，他的言语显得迟钝。"司马牛说："言语迟钝，这就可以称作仁了吗？"孔子说："做起来难，说话能不迟钝吗？"

点评

司马牛性格浮躁，喜欢多言多语，孔子因材施教，告诫他说话要迟缓、谨慎，少说话，多做事。做到这些，他说的话才会更有分量，也更能令人信服，他才会越来越接近一个仁人。由此可见仁的内涵丰富而切实，也可见孔子在教育方面的灵活性。

原文

樊迟问知，子曰："务①民之义，敬鬼神而远②之，可谓知矣。"问仁，曰："仁者先难而后获，可谓仁矣。"

——《雍也》

注释

①务：致力，从事。
②远：疏远，避开。

译文

樊迟问怎么样才算明智，孔子说："专心致力于在治理百姓方面该做的事情，尊敬鬼神，但要疏远它们，这样可以称得上是明智了。"樊迟又问怎么样才叫作有仁德，孔子说："有仁德的人先付出艰苦的努力，然后收获，这样可以说是有仁德了。"

点评

"敬鬼神而远之"，是孔子对待鬼神的总态度，他破除人们对超自然力量的依赖，肯定人的自主性，推崇自立自强的精神。不论是智还是仁，孔子都是从现实的角度来考虑的。智和仁本质上是相通的，那就是踏踏实实去做事，别总想着靠运气，也别总想着名利，等做成了事，自然会有收获。

原文

> 子曰："当①仁,不让②于师。"
>
> ——《卫灵公》

注释

①当:面对,面临。
②让:谦让。

译文

孔子说:"仁德当前,(义无反顾),即便是老师,也不谦让。"

点评

孔子一直很重视师道尊严,但在仁面前,仁永远是最高标准。当仁不让的重点是仁,对待符合仁的事情,要有义无反顾的精神。当仁不让后来成为一个成语,后人在使用时,多指遇到应该做的事情的时候要主动承担,不推辞、不躲避,这是把"仁"的范围扩大化了。

原文

> 子曰："苟①志于仁矣，无恶也。"
>
> ——《里仁》

注释

①苟：假如，如果。

译文

孔子说："假如立定志向实行仁德，总没有坏处。"

点评

这句话道出了孔子一直推行"仁"的目的之一。如果所有人都向着仁的方向努力，立志做个好人，哪怕还会犯各种各样的错误，起码不会再有什么恶行了，不会再存心去做坏事了。人人不干坏事，那就是美好的社会。

原文

子曰:"志士①仁人,无求生以害②仁,有杀身③以成仁。"
——《卫灵公》

注释

①志士:有坚定意志和节操的人。

②害:损害。

③杀身:牺牲生命。

译文

孔子说:"志士仁人,没有贪生怕死而损害仁的,只有牺牲生命去成全仁的。"

点评

这句话里的"仁"指的是一个人信守的根本原则和信念,这种原则和信念,是失去生命也要捍卫的。当然,孔子是热爱生命的,他一直主张要懂得保全自己的性命,并告诫大家"危邦不入,乱邦不居"。但在面对"仁"的时候,他却劝告大家要不计安危,慷慨赴死。这是孔子"至大至刚"的一面。

原文

子曰："富与贵，是人之所欲也，不以其道得之，不处也。贫与贱，是人之所恶也，不以其道得之，不去也。君子去仁，恶[wū]乎①成名？君子无终食之间违仁，造次②必于是，颠沛③必于是。"

——《里仁》

注释

①恶乎：怎样。

②造次：慌忙、仓促。

③颠沛：形容人事困顿，社会动乱。

译文

孔子说："发大财，做大官，这是人人所盼望的，（但是，）不用正当的手段得到它们，君子不接受。贫困和卑贱，这是人人所厌恶的，（如果）不用正当的方法摆脱它，君子宁可安守它。（如果）君子背离了仁的准则，怎么去成就他的名声呢？君子不会在哪怕吃一顿饭的时间离开仁德，即使在仓促匆忙的情况下也一定会遵守仁的准则，在颠沛流离的时候也和仁同在。"

点评

在孔子看来，仁是至高无上的道德追求，要比人间的所有物质享受、社会地位都要更高一层。无论去哪里，无论面对着什么，无论什么样的情况，与君子相伴的只有仁。仁遍布在生命的每一个角落，贯穿了生命的每一个时刻。当一个人在呼吸之间都能坚守仁的时候，就可以称得上是一位仁人了。

原文

> 子曰："好勇疾①贫，乱也。人而不仁，疾之已甚②，乱也。"
>
> ——《泰伯》

注释

①疾：厌恶，憎恨。
②已甚：太过分。已，太。

译文

孔子说："好勇斗狠还厌恶贫困，这是祸乱的根源。对不仁的人恨得太厉害，也是祸乱的根源。"

点评

孔子推崇道德，但他不是一个极端的道德主义者。一个正常的社会要保留宽容之心，要能容忍不仁，给犯错的人以改过的机会。这也就是孔子所说的过犹不及，是中庸思想的体现。

原文

> 或曰："雍也仁而不佞①[nìng]。"子曰："焉用佞？御②人以口给③[jǐ]，屡憎于人。不知其仁④，焉用佞？"
>
> ——《公冶长》

注释

①佞：巧言善辩，有口才。

②御：抵挡、对付，这里指应对。

③口给：辩才无碍，巧舌如簧。给，足。

④不知其仁：这是一种委婉的否定，实际上是说冉雍还未达到"仁"的水平。

译文

有人说："冉雍有仁德，但没有口才。"孔子说："何必要有口才呢？强嘴利舌地同人家辩驳，常常被人讨厌。我不知道冉雍是不是称得上仁，但为什么要有口才呢？"

点评

孔子本人是一个很擅长言辞的人，但他反对过于看重口才。假如一个人有仁德，就算他不善言辞，也是可以的。相较于言语，孔子更看重行动。他反复强调，君子言语要谨慎迟钝，工作要勤劳敏捷。无数历史事实证明，孔子说的是对的，社会需要的是实干家，而不是夸夸其谈的辩论手。

原文

子曰："刚①、毅②、木③、讷④[nè]，近仁。"

——《子路》

注释

①刚：刚强。

②毅：果决，意向坚定而不动摇。

③木：质朴。

④讷：说话迟钝，此处指言语谨慎。

译文

孔子说："刚强、坚毅、质朴、慎言，（具备了这四种品德的人）便接近仁德了。"

点评

刚是不为心中的欲望所动摇，比较坚定刚强。毅是坚毅、果敢，有魄力，有决断。刚毅的人，不徇私，不利己，不害怕，不退缩，接近仁德。木是指像树木一样朴实、厚道，踏踏实实做事。讷是说话谨慎，少言。木讷的人质朴，心思稳定，认准一件事，就坚定地做下去，所以也近仁。

刚毅、木讷，都只是接近仁，还没有达到仁，可见，仁的境界更高一些。

原文

子曰："仁远乎哉？我欲①仁，斯②仁至矣。"

——《述而》

注释

①欲：想要。
②斯：连词，则，就。

译文

孔子说："仁离我们很远吗？我想要仁，仁就来了。"

点评

仁是孔子思想的核心，孔子把仁看作是学问、道德修养的最高境界。可他同时也认为，仁是不难实现的，只要你有意愿，有决心和毅力，就能实现仁。孔子很看重人的意志和发心动念，他在教导弟子时，也常从叩问弟子的内心来入手。

原文

> 子曰："知者乐①[yào]水，仁者乐山；知者动，仁者静；知者乐，仁者寿。"
>
> ——《雍也》

注释 | **译文**

①乐：喜爱。 | 孔子说："智者喜爱水，仁者喜爱山；智者灵动，仁者沉静；智者快乐，仁者长寿。"

点评

智者喜爱水，也像水，他乐于运用才智解决问题，做起事来像水流一样畅快，他若得志，也会像水一样欢快。而仁者的性情就像大山一样，安定、宽厚、沉静，没有忧惧等情感起伏，所以能长寿。孔子用山水来比喻仁者、智者，妙味无穷。他看到了人的精神品格与大自然的相通相近之处。

原文

宪①问耻，子曰："邦有道，谷②；邦无道，谷，耻也。""克③、伐④、怨⑤、欲⑥不行焉，可以为仁矣？"子曰："可以为难[nán]矣，仁则吾不知也。"

——《宪问》

注释

①宪：孔子弟子，姓原，名宪，字子思。孔门"七十二贤人"之一。

②谷：原指粮食，这里指做官拿俸禄。

③克：好胜。

④伐：自夸。

⑤怨：抱怨，怨恨。

⑥欲：贪婪，贪欲。

译文

原宪问什么叫耻辱。孔子说："国家政治清明，做官领俸禄，（这是正常的）；国家政治黑暗，还做官领俸禄，这就是耻辱。"

原宪又问："好胜、自夸、怨恨和贪婪这四种毛病都不曾表现过，这可以算具有仁德了吗？"孔子说："可以算是难能可贵了，至于有没有仁德，我就不太清楚了。"

点评

孔子认为，一个人能去除好胜、自夸、怨恨、贪婪的坏习气，虽然算是难能可贵，但还算不上仁。这样的人只是因为外在约束而摒除了这些缺点，但还没有发自内心地向仁德靠近。一个仁德的人，是超越了这些缺点后，在品性和修养上又有很高建树的人。

原文

> 子曰："巧言令色^①，鲜矣仁！"
>
> ——《学而》

注释

①令色：令，好、善；色，脸色。

译文

孔子说："花言巧语，一副讨好人的脸色，这样的人是很少有仁德的。"

点评

巧言令色的人，要么是谄媚的小人，要么是懦弱屈从、意志不坚定的人，这两种人都背离了仁德。仁德的人，应该有自己坚定的原则和道义，有至大至刚、不屈不挠的正直之气。孔子这句话也有可能是对当政者说的，警示他们要保持清醒的头脑，不被谗言佞语所迷惑。

原文

子曰："人而不仁，如礼何①？人而不仁，如乐[yuè]何？"

——《八佾》

注释

① 如……何：怎样对待……，拿……怎么办。

译文

孔子说："做了人，却不仁，怎样来对待礼仪制度呢？做了人，却不仁，怎样来对待音乐呢？"

点评

礼和乐是仁的外在表现形式，是在仁的思想上开出的花朵。没有仁，礼和乐都没有意义。如果心中没有仁爱之心，没有对人发自内心深处的尊重，却处处讲礼，只会显得虚伪。同样，如果心中没有仁爱之心，也不会欣赏和创造出能和悦人心的好音乐。

原文

子曰:"参[shēn]乎! 吾道一以贯①之。"曾子曰:"唯②。"子出,门人问曰:"何谓也? "曾子曰:"夫子之道,忠恕而已矣。"

——《里仁》

注释

①贯:贯穿,贯通。
②唯:应答的声音。

译文

孔子说:"曾参呀! 我的学说贯穿着一个根本原则。"曾子说:"嗯。"孔子走出去以后,别的学生就问曾子说:"夫子是什么意思? "曾子说:"他老人家的学说,就是'忠'和'恕'而已。"

点评

对于忠和恕,朱熹在《论语集注》中解释说:"尽己之谓忠,推己之谓恕。""忠"指的是无论办自己的事,还是办他人托付的事,都尽职尽责、竭尽全力。"恕"指的是换位思考,将心比心,是"己所不欲,勿施于人"。总的来说,"忠"是对自己的要求,"恕"是对待他人的准则。忠恕是达到仁的必经之路。

原文

> 子曰："里①仁为美。择不处[chǔ]仁，焉得知？"⑩
>
> ——《里仁》

注释

①里：居住。

译文

孔子说："居住在有仁德之风的地方才好。选择住处，不选择居住在有仁德之风的地方，怎么能说是明智呢？"

点评

在孔子看来，一个人的成长，跟他外部的人文环境是密切相关的，所以一定要选择跟那些道德高尚的人在一起。环境是可以影响人的，跟高尚的人在一起，潜移默化之中，一个人的道德、志趣、思想就自然而然提上去了。

24 日

 原文

> 子曰："不仁者不可以久处约①，不可以长处乐。仁者安仁，知者利仁。"

——《里仁》

 注释   **译文**

①约：穷困，贫困。

孔子说："不仁的人不可以长久地居于穷困中，也不可以长久地居于安乐中。有仁德的人安于仁（因为他实行仁德便心安，不实行仁德心便不安），聪明人利用仁（因为他认识到仁德对他有长远而巨大的利益，所以他实行仁德）。"

点评

孔子提到了三种人，没有仁德的人、有仁德的人和聪明人。没有仁德的人因为没有道德约束，不能安定自己的心，所以在穷困的时候会铤而走险，在安乐的时候会消磨意志。聪明人稍好一些，会利用仁做一些对社会有益的事情，但自身还没有达到仁。孔子最赞赏有仁德的人，这种人无论在什么样的环境下都意志坚定，用仁德来要求自己，也就是孟子所说的"富贵不能淫，贫贱不能移"的人。

原文

子曰："我未见好①[hào]仁者，恶②[wù]不仁者。好仁者，无以尚③之；恶不仁者，其为仁矣，不使不仁者加乎其身。有能一日用其力于仁矣乎？我未见力不足者。盖有之矣，我未见也。"

——《里仁》

注释

①好：喜爱。
②恶：讨厌，厌恶。
③尚：超过。

译文

孔子说："我从没见过爱好仁德的人和厌恶不仁德的人。爱好仁德的人，那是再好不过的了；厌恶不仁德的人，他行仁德，只是想让不仁德的东西不加在自己身上。有谁能在某一天都全心全意致力于仁德呢？我就没见过（想要实行仁德却）力量不够的。大概这样的人还是有的，只是我没有见过罢了。"

点评

这一章，孔子告诉弟子一个反复被提及的道理，那就是，做一件事，主观意愿至关重要。"我欲仁，斯仁至矣"。只要有强烈的意愿和心志去达到仁，那就能实现它。那些说力量不足的，根本没有全心全意地去做。

原文

> 子曰："唯仁者能好①[hào]人，能恶②[wù]人。"
>
> ——《里仁》

注释

①好：喜爱。
②恶：讨厌，厌恶。

译文

孔子说："只有仁人才能够（正确地）喜爱他人，厌恶他人。"

点评

仁者心底无私，爱憎分明而公正，这是剥离掉人性的弱点而达到的一种清晰看待客观世界和他人的境界。所以仁者明辨是非，可以客观公正、不偏不倚地对周围人做出评价。孔子赞赏仁者，也希望每个人都能以仁者的标准去勉励自己。

原文

> 子曰："知者不惑①，仁者不忧，勇者不惧。"
>
> ——《子罕》

注释

①惑：疑惑，困惑。

译文

孔子说："智慧的人不疑惑，仁德的人不忧愁，勇敢的人不畏惧。"

点评

智者之所以"不惑"，是因为他能看到事物的本质。仁者之所以"不忧"，是因为他无私欲，自然不会患得患失。勇者之所以"不惧"，是因为他有为了大义与真理牺牲自我的精神。在儒家传统道德中，智、仁、勇是君子的基本品质。一个真正的君子，他一定既是智者，也是仁者，更是勇者，不惑、不忧、不惧。当然，这些品质对现代人来说，也一样难能可贵。

8月

28_日

原文

冉有曰："夫子为^①[wèi]卫君乎？"子贡曰："诺，吾将问之。"入，曰："伯夷、叔齐何人也？"曰："古之贤人也。"曰："怨乎？"曰："求仁而得仁，又何怨？"出，曰："夫子不为[wèi]也。"

——《述而》

注释

①为：帮助，赞成。

译文

冉有说："老师会赞成卫国的国君吗？"子贡说："好吧，我去问问老师。"子贡进入孔子房中，问："伯夷和叔齐是什么样的人？"孔子说："他们是古代贤人。"子贡说："（他们两人互相推让，都不肯做孤竹国的国君，结果都跑到国外，）他们怨悔吗？"孔子说："他们追求仁德，得到了仁德，又怎么会有怨悔呢？"子贡走出来，（对冉有）说："老师不会赞成卫国国君的。"

点评

子贡知道此时老师不便评论卫出公，于是就通过问老师对伯夷叔齐的态度来得到自己想要的答案，可见他情商和言辞都比较出色。这段对话也体现了孔子对仁德和操守的重视。"求仁得仁"后来成为一个成语，比喻得偿所愿。

原文

　　子张问曰："令尹子文①三仕②为令尹，无喜色；三已之，无愠色。旧令尹之政，必以告新令尹，何如？"子曰："忠矣。"曰："仁矣乎？"曰："未知，焉得仁？""崔子③弑④[shì]齐君，陈文子⑤有马十乘[shèng]，弃而违⑥之。至于他邦，则曰：'犹吾大夫崔子也。'违之。之一邦，则又曰：'犹吾大夫崔子也。'违之，何如？"子曰："清矣。"曰："仁矣乎？"曰："未知，焉得仁？"

——《公冶长》

注释

①令尹子文：令尹，楚国的官名，相当于宰相。子文，令尹的名字，楚国贤相。

②三仕：几次被任命。"三"不一定是实数，可能只是表示次数多。后面的"三已"的三与此相同。

③崔子：名杼，齐国大夫，曾杀掉他的国君齐庄公。

④弑：古代臣杀君、子杀父母叫弑。

⑤陈文子：齐国大夫。

⑥违：离开。

译文

　　子张问："楚国的令尹子文，数次担任令尹的职务，没有显出高兴的样子；多次被罢免，也没有怨恨的神色。他（被免职的时候）一定会把旧日的政令详细交代给新任职者。这个人怎么样？"孔子说："算得上对国家尽忠了。"子张问："算得上有仁德吗？"孔子说："不知道，这怎么能算仁呢？"子张又问："崔杼杀了齐庄公，陈文子有四十匹马，（因为厌恶崔杼的行为）都丢弃不要，就离开了齐国。他到了另一个国家，就说：'（这里的执政者）和我国的崔子差不多'，又离开了。再到了一国，就又说：'（这里的执政者）和我国的崔子差不多'，再次离开了。这个人怎么样？"孔子说："很清高。"子张说："算得上有仁德吗？"孔子说："不知道，这怎么能算有仁德呢？"

令尹子文是尽职尽责，陈文子是清洁自爱，不愿同流合污，这两人的修养都非常高，但孔子认为他们还没有做到仁。仁强调的是除了自身德行过关以外，还要爱人，推己及人，施惠于人。在这一点上，子文和陈文子还有差距。做一个仁德的人实际上是非常难的，但总要行动起来，才能更接近仁。

原文

> 原壤①夷俟②[sì]。子曰："幼而不孙[xùn]弟③[tì]，长而无述④焉，老而不死，是为贼⑤。"以杖叩其胫。
>
> ——《宪问》

注释

①原壤：鲁国人，孔子的老朋友。

②夷俟：夷，伸腿叉开坐着，一种很无礼傲慢的态度；俟，等待。

③孙弟：同"逊悌"，谦恭，敬爱兄长，这里指懂礼节。

④无述：无可称道，无人称道，指没有贡献。

⑤贼：害人的人。

译文

原壤叉开两条腿，像"八"字一样，坐等孔子。孔子说："你小时候不懂礼节，长大了毫无贡献，老了还不死掉，真是个害人精。"说完，用拐杖敲了敲他的小腿。

点评

在孔子眼里，原壤是一个完全不顾礼节的人，还有点不上进。孔子对他进行了批评，但也有故人的情味儿在。"老而不死，是为贼"有点儿调侃玩笑的意思，可见孔子也是一个真性情的人。

原文

> 子曰："知[zhì]及之，仁不能守之，虽得之，必失之。知及之，仁能守之，不庄以莅①[lì]之，则民不敬。知及之，仁能守之，庄以莅之，动之不以礼，未善也。"
>
> ——《卫灵公》

注释

①莅：临。

译文

孔子说："靠聪明才智得到它，不能用仁德守住它，即使得到了，也一定会失去。靠聪明才智得到它，用仁德守住它，不端庄肃穆地对待它，百姓也不会心生敬畏。靠聪明才智得到它，用仁德守住它，也能用端庄肃穆的态度对待它，但假如不用礼带动它，也不算尽善尽美。"

点评

在这一章，孔子层层递进，反复论证，讲述了循序渐进而又完备的治国之道：智、仁、庄、礼这四项缺一不可。当然，在这四种原则里，最根本的还是仁，而仁要通过礼来实现。以仁德治天下，以礼调节天下，仁民爱物，国家就会太平昌盛，这只是孔子的初步理想，他最终的理想，是实现天下大同。

精选真题

36 **2023 年山东省菏泽市高二上学期期末**

阅读下面的文言文，完成小题。

颜渊问仁。子曰："克己复礼为仁。一日克己复礼，天下归仁焉。为仁由己，而由人乎哉？"颜渊曰："请问其目。"子曰："非礼勿视，非礼勿听，非礼勿言，非礼勿动。"颜渊曰："回虽不敏，请事斯语矣。"

（《论语·颜渊》）

仲弓问仁。子曰："出门如见大宾，使民如承大祭。己所不欲，勿施于人。在邦无怨，在家无怨。"仲弓曰："雍虽不敏，请事斯语矣。"

（《论语·颜渊》）

樊迟问仁。子曰："爱人。"问知。子曰："知人。"樊迟未达。子曰："举直错诸枉，能使枉者直。"樊迟退，见子夏，曰："乡也，吾见于夫子而问知，子曰：'举直错诸枉，能使枉者直'，何谓也？"子夏曰："富哉言乎！舜有天下，选于众，举皋陶，不仁者远矣。汤有天下，选于众，举伊尹，不仁者远矣。"

（《论语·颜渊》）

子贡曰："如有博施于民而能济众，何如？可谓仁乎？"子曰："何事于仁，必也圣乎！尧舜其犹病诸！夫仁者，己欲立而立人，己欲达而达人。能近取譬，可谓仁之方也已。"

（《论语·雍也》）

子曰："仁远乎哉？我欲仁，斯仁至矣。"

（《论语·述而》）

曾子曰："士不可以不弘毅，任重而道远。仁以为己任，不亦重乎？死而后已，不亦远乎？"

（《论语·泰伯》）

子曰："志士仁人，无求生以害仁，有杀身以成仁。"

（《论语·卫灵公》）

子曰："不仁者不可以久处约，不可以长处乐。仁者安仁，知者利仁。"

（《论语·里仁》）

（1）下列对原文有关内容的阐释，不正确的一项是（　　　）

A. 从孔子与樊迟的对话可知，樊迟向孔子问"知"，孔子回答的"知人"指的是知人善任。

B. 孔子认为只有做到"克己"，让自己的德行完全合乎"礼"，并且能够"博施于民而能济众"，才可以被称作"仁人"。

C. 孔子说"我欲仁，斯仁至矣"，意味着对每一个人来说，可怕的不是他不具备仁德，而是他丧失了追求仁德的愿望。

D. 孔子说没有仁德的人"不可以长处乐"，因为这些人如果长期处在安乐中，会忘乎所以，流于淫滥。古今中外那些"富贵而淫"的人物往往就是如此。

（2）关于什么是"仁"，孔子回答颜渊、樊迟分别是"克己复礼""爱人"，回答仲弓、子贡分别是什么？然后结合上述文本，谈谈你对孔子所说的"仁"的理解与认识。

㊲　2021 年北京市海淀区高三上学期期中

阅读下面《论语》中的文字及相关材料，回答问题。

材料一：不仁者不可以久处约，不可以长处乐。仁者安仁，知者利仁。

（《论语·里仁》）

材料二：约，犹贫困也。夫君子处贫愈久，德行无变。若不仁之人久处约，则必斯滥为道，故不可久处也。乐，富贵也。君子富贵愈久，愈好礼不倦。若不仁之人久处富贵，必为骄溢也。辨行仁之中有不同也，若秉

283

性自仁者则能安仁也，何以验之？假令行仁获罪，性仁人行之不悔，是仁者安仁也。智者，谓识昭前境，而非性仁者也。利仁者其见行仁者若于彼我皆利，则己行之；若于我有损，则使停止，是智者利仁也。

（皇侃《论语义疏》）

材料三：约，穷困也。利，犹贪也，盖深知笃好而必欲得之也。不仁之人，失其本心，久约必滥，久乐必淫。惟仁者则安其仁而无适不然，知者则利于仁而不易所守，盖虽深浅之不同，然皆非外物所能夺矣。

（朱熹《四书章句集注》）

（1）根据以上三则材料的内容，将下面句子翻译成现代汉语。

　　　不仁者不可以久处约，不可以长处乐。

（2）请借助以上三则材料的内容，说说孔子为什么认为"不仁者不可以久处约，不可以长处乐"。

㊳ **2021年浙江省名校协作体高考模拟**

阅读下面的材料，完成下列各题。（5分）

材料一：子曰："君子义以为质，礼以行之，孙以出之，信以成之，君子哉！"

（《论语·卫灵公》）

材料二：司马牛①问仁，子曰："仁者，其言也讱②。"曰："其言也讱，斯谓之仁已乎？"子曰："为之难，言之得无讱乎"

（《论语·颜渊》）

【注】①"司马耕，字子牛，牛多言而躁"，出自《史记·仲尼弟子列传》。
　　　②讱：说话谨慎，不轻易出口。

（1）"孙以出之"在句中的意思是＿＿＿＿＿＿，材料二体现出孔子＿＿＿＿＿＿的教育原则。（2分）

（2）结合上述材料，简析"君子不以言举人"的原因。（3分）

阅读下面《论语》的文字，回答问题。（5分）

子曰："富与贵，是人之所欲也，不以其道得之，不处①也。贫与贱，是人之所恶也，不以其道得之，不去也。君子去仁，恶乎成名？君子无终食之间违仁，造次②必于是，颠沛必于是。"

（《论语·里仁》）

【注】①处：处在、居处。②造次：仓促之间。

（1）"不以其道得之，不处也。"本句中的"其道"指什么？全段表达了孔子的什么思想？（3分）

（2）"不以其道得之，不去也。"杨伯峻《论语译注》认为，"得之"应改为"去之"；也有学者认为，"不以其道得之"的"不"字应删去。请根据以上两种不同解读，分别解释句意。（2分）

㊵ **2018 年北京市西城区中考一模**

中国提出建设"一带一路"的合作倡议，旨在谋求多国共同发展，至今已有100多个国家和国际组织积极支持和参与。如果从下面三则《论语》中选择一句来表达对众多国家和国际组织参与"一带一路"的认识，你会选择哪一句？请说明理由。

①子曰："里仁为美。择不处仁，焉得知？"

（《论语·里仁》）

②子曰："德不孤，必有邻。"

（《论语·里仁》）

③子曰："有朋自远方来，不亦乐乎？"

（《论语·学而》）

九月

君子德行

9月

01日

 导语

　　一年的时光在九月逐渐走向金黄。

　　九月，一起来聆听孔子和弟子们关于"君子德行"的讨论。《论语》中关于君子的讨论很多，开篇的第一章和结尾的最后一章都提到了君子。君子本来指社会地位比较高的人，孔子赋予了它道德的内涵。在孔子看来，一个具有很高道德修养的人，才能被称为君子。其中也寄寓了孔子的人格理想。虽然君子的标准很高，但一个人可以通过提升自我来达到。孔子的理想是人人都能成为君子。

　　九月，跟着《论语》，来学习如何做一个坦荡的君子吧。

原文

> 子曰："君子义以为质，礼以行之，孙①[xùn]以出②之，信以成之。君子哉！"③⑫
>
> ——《卫灵公》

注释

①孙：同"逊"，谦逊。

②出：出言，讲话。

译文

孔子说："君子把义当成自己的根本，依礼节实行它，用谦逊的言语说出它，用诚实的态度完成它。这才是君子呀！"

点评

《论语》中从未给君子下一个明确的定义，却论述了君子在不同方面的标准与表现。在所有的标准与要求中，"义"是君子行事最基本的行为准则，也是根本。守礼、谦逊和诚信既是君子做事的态度，也是为了在行动中去践行"义"的要求。

原文

> 子曰："君子不器①。"
>
> ——《为政》

注释

①器：器皿，器具。

译文

孔子说："君子不像器皿一样（只有一定的用途）。"

点评

人们常说"术业有专攻"，但孔子认为，"君子"是一个人道德修养的最高追求，他的才德不能局限在某个具体领域、某种具体技能，他应当有更大的格局。君子要不断完善个人德行，研究关乎家国的大道，对世界普遍的道理有所了解，关心人类的整体命运。另外，他不能像一个器具一样被别人利用，要有自己的主见。

原文

子曰："君子无所争。必也射①乎！揖②让而升③，下而饮。其争也君子。"⑬

——《八佾》

注释

①射：射箭，这里指古代的射礼。
②揖：作揖，拱手行礼。
③升：登堂。

译文

孔子说："君子没有什么可争的事情。（如果有所争，）一定是比赛射箭的时候吧！（但在比射箭的时候，人们会）相互作揖行礼，然后登堂；（射箭完毕，）走下堂来，（作揖）喝酒。这种竞争也是很有君子风度的。"

点评

谦让是君子的美德，那么君子是不是在什么时候都要表现得谦逊礼让呢？孔子举出了一个例外——射箭比赛。春秋时期的射箭比赛其实是一种礼仪活动，有一整套礼仪程序。射箭比赛是君子唯一与人竞争的时刻，但就是在这个时候，他所进行的也是谦让有礼的君子之争。这显然是以退为进，证明君子的确是每时每刻都谦逊礼让。

原文

子曰："君子之于天下也，无适①也，无莫②也，义之与比③。"㊷

——《里仁》

注释

①适：专主，依从。
②莫：不肯。"无适无莫"意为无可无不可。
③义之与比：以义为标准，合理恰当即可。比，挨着、靠拢、为邻。字面意为与义为邻。

译文

孔子说："君子对于天下的事情，没规定要怎样干，也没规定不要怎样干，只要怎样干合理恰当，便怎样干。"

点评

很多人都对君子有种刻板印象，认为他们一举一动都被各种行为规范框定着，僵化死板。但其实孔子对君子的要求并没有那么不近人情，真正的标准只有一条——义。只要做事从义出发，做出的事情符合义，就是可以的。"义之与比"有两层意思：一是"唯义是从"，行为不能偏离义这个核心；二是在符合义的前提下，君子可以随着时势的变化调整自己做事的方式，不必僵化教条。

原文

子曰："君子欲讷[nè]^①于言而敏^②于行。"^{⑬⑭}

——《里仁》

注释

①讷：语言迟钝。
②敏：敏捷勤奋。

译文

孔子说："君子言语要谨慎迟钝，做事要勤劳敏捷。"

点评

　　孔子论述君子，有些要求是很具体的，比如这一章说的就是君子在言行两方面的标准。君子要少说话，多做事。他看起来嘴巴笨笨的，但其实言语并不是真的迟钝，而是不说大话、空话，说话很谨慎。君子在行动上却要主动勤勉，在孔子看来，比起夸夸其谈，勤勤恳恳地做些事情更重要。

原文

> 子欲居九夷①。或曰："陋②，如之何？"子曰："君子居之，何陋之有！"
>
> ——《子罕》

注释

①九夷：古代对东方少数民族的泛称。或解释为"淮夷"，即散居在淮泗之间的少数民族部族，北境与齐、鲁接壤。
②陋：文化闭塞，落后。

译文

孔子想搬到九夷去住。有人说："那地方太闭塞了，怎么能住呢？"孔子说："有君子去住，还有什么闭塞呢？"

点评

孔子这句感叹，说出了在人与环境的关系中人的主观能动性的重要性。一个有着自己确信理念的君子，不会因为身处的环境而受到局限，反而是人走到哪里，就把理念与文化传播到哪里，让环境因自己而改变。刘禹锡的《陋室铭》中说"陋室"因主人的品行高尚而变得高雅不俗，篇尾就引用了孔子的"何陋之有"。

子曰："质^①胜文^②则野^③，文胜质则史^④。文质彬彬^⑤，然后君子。"

——《雍也》

注释

①质：本义是质地、本质，这里指朴实、朴素。

②文：文采、修饰，是与"质"相对的概念。

③野：鄙野，粗野。

④史：原意是史书，这里借史书的浮夸形容文字浮夸的情况。

⑤彬彬：即"班班"，事物相互错杂、配合适当的样子。

译文

孔子说："朴实多于文采，就未免粗野；文采多于朴实，又未免虚浮。文采和朴实配合适当，这才是君子。"

点评

这句话强调的是内在与外在的关系。在孔子看来，一个人内在的品德与外在的风度是合二为一、相辅相成的关系，内与外没有哪一方比另一方更重要。夫子所说的"质"和"文"，可以理解为"仁"和"礼"的关系。君子内心要保持"仁"的天性，在外要遵循"礼"的规范。"仁"和"礼"都恰到好处，才是真正的君子。

原文

子曰："君子耻①其言而②过其行。"

——《宪问》

注释

①耻：以……为耻。

②而：用法同"之"。

译文

孔子说："君子以说得多而做得少为耻。"

点评

这句话与"君子欲讷于言而敏于行"类似，也是关于言与行关系的论述。"讷于言而敏于行"是从正面说君子应当怎么做，本章这一句则是从反面说君子不应该怎么做。但无论正面反面，在言和行之中，孔子显然认为行是更加重要的。与其夸夸其谈，不如踏踏实实做事。言语浮夸，言过其实，都不是君子所为。

子曰："君子矜①而不争，群②而不党③。"

——《卫灵公》

①矜：庄重而拘谨。

②群：合群，团结他人。

③党：这里指拉帮结派。

孔子说："君子庄重自守而与人无争，合群但不搞宗派。"

这句话说的是君子如何与人相处。要不要为了合群而失去自我？如何对待与他人的分歧和竞争？别人拉帮结派，自己该怎么办？这是每个人步入社会之后都难免纠结的问题。"矜而不争，群而不党"八个字，兼顾了自我与他人、个人与群体、独立的思想与协作的精神等多个方面的内容。即使时代不同，社会结构不同，这些道理对现代人如何处理人际关系也依然适用。

原文

子曰："君子不以①言举②人，不以人废言。"

——《卫灵公》

注释

①以：因为。
②举：提拔，推举。

译文

孔子说："君子不因为一个人的话（说得好）便提拔他，也不因为一个人不好而不采纳他的好话。"

点评

《论语》中经常强调"知言""知人"，"不以言举人，不以人废言"说的就是如何知言和如何识人的道理。一个人的言语和他的品行之间究竟有多大关联？孔子提出了独到的见解：能说出好的言论的人不一定有德，地位或品德低下的人，他的意见也不一定没有参考价值。看一个人要全面，不能只听他说了什么；看一个人也要客观，不能全盘否定。

原文

> 孔子曰："君子有九思，视思明，听思聪，色思温，貌思恭，言思忠，事思敬①，疑思问，忿思难[nàn]②，见得思义。"
>
> ——《季氏》

注释

①敬：严肃认真。
②难：后患、祸害。

译文

孔子说："君子有九种要考虑的事，看的时候，考虑是否看明白了；听的时候，考虑是否听清楚了；脸上的表情，要考虑是否温和；容貌态度，要考虑是否恭敬；说话的时候，要考虑是否忠诚；对待事情，要考虑是否严肃认真；遇到疑问，要想着怎样向人请教；生气发怒时，要考虑可能产生的后患；看见可得的，要考虑是否符合义的要求。"

点评

孔子所说的君子，需要天长日久的修养才能成就。他对君子的规范，渗透到了生活的方方面面。这一章中的"九思"，由浅到深，由外到内，由为人到做事，从各个方面都提出了具体的要求。孔子认为，君子应该时时刻刻关注自己的言行，对感官、理智、情感、道德等都要不断地修炼。

原文

子贡曰："君子亦有恶[wù]乎？"子曰："有恶。恶称人之恶[è]者，恶居下流①而讪[shàn]上者，恶勇而无礼者，恶果敢而窒③者。"曰："赐也亦有恶乎？""恶徼④[jiǎo]以为知[zhì]者，恶不孙[xùn]以为勇者，恶讦⑤[jié]以为直者。"

——《阳货》

注释

①流：晚唐以前的《论语》版本中没有这个"流"字，应为衍文。

②讪：毁谤、诋毁。

③窒：阻塞不通，这里指顽固不化。

④徼：窃取、抄袭，据为己有。

⑤讦：揭别人隐私或攻击别人的短处。

译文

子贡说："君子也会有所憎恶吗？"孔子说："会有所憎恶：憎恶一味宣扬别人的过失的人，憎恶在下位而毁谤上级的人，憎恶勇敢却不懂得礼节的人，憎恶当机立断、敢作敢为却顽固不通和执拗到底的人。"（孔子）问："赐，你也有憎恶的人和事吗？"（子贡回答道：）"（我）憎恶窃取别人的成绩据为己有还自以为聪明的人，憎恶毫不谦虚却自以为勇敢的人，憎恶揭发别人的隐私或短处却自以为直率的人。"

点评

在很多人的印象中，君子似乎就应当没有明显的爱恨好恶，冷静得不像个普通人。其实君子有着明确的是非观和道德观，不仅有爱憎好恶，而且爱憎好恶特别分明。这一章中，孔子和子贡师生两人的对话，谈论的就是他们各自所厌恶的人和事。当然，君子的厌恶不是用来仇恨他人，而是为了对照自己，提醒自己不要犯同样的错误。

原文

孔子曰："不知命，无以为君子也；不知礼，无以立①也；不知言②，无以知人也。"

——《尧曰》

注释

①立：在社会上立足。

②知言：善于分析别人的言语，辨其是非善恶。

译文

孔子说："不懂得命运，就没有可能成为君子；不懂得礼，就没有办法立足于社会；不懂得分辨别人的言语，就不能了解别人。"

点评

这一章是《论语》原著的最后一章。知命、知礼、知言是君子需要处理的三大根本问题。"知命"处理的是人与世界的关系问题，"知礼"处理的是人与社会的关系问题，"知言"从而"知人"，处理的是人与他人、人与自己的关系问题。这三个问题，是君子立身处世的根基。《论语》全书都在讲如何全面塑造君子的理想人格，"三知"是这些内容的核心。

原文

孔子曰："君子有三戒：少之时，血气①未定，戒之在色；及其壮也，血气方刚，戒之在斗；及其老也，血气既衰，戒之在得②。"

——《季氏》

注释

①血气：人的精力志气。
②得：贪得，对象可能包括名誉、地位、财货等。

译文

孔子说："君子有三件事情应该警惕戒备，年轻时，血气还不稳定，要警戒的是贪恋色欲；等到壮年时，血气正旺盛，要警戒的是争强好斗；等到年老了，血气已经衰弱，要警戒的是贪得无厌。"

点评

这一章中的"三戒"，说的是一个人在人生不同阶段最需要警戒的三种情况。少年戒色、壮年戒斗、老年戒得，针对的都是人性的弱点。君子应当对欲望有所节制，不让心理被生理冲动主宰，一生严于律己。"三戒"之中的最后一戒，尤其一针见血。很多人晚节不保，就是因为贪恋过多，不懂得舍弃和放手。

后面还会讲到三愆、三畏，即君子最容易犯的错误和最应当敬畏的事。

原文

子曰："圣人①，吾不得而见之矣；得见君子者，斯可矣。"子曰："善人②，吾不得而见之矣，得见有恒者③，斯可矣。亡[wú]④而为有，虚而为盈，约⑤而为泰⑥，难乎有恒矣。"

——《述而》

注释

①圣人：有最高道德标准的人。

②善人：有志于仁，德行良善的人。

③有恒者：有一定操守的人。恒，恒心。

④亡：同"无"，没有。

⑤约：窘困。

⑥泰：奢侈。

译文

孔子说："圣人，我是不能看见了；能看到君子，就可以了。"孔子（又）说："善人，我是不能看见了；能看到有一定操守的人，就可以了。本来没有却装作有，本来空虚却装作充足，本来穷困却要装作富裕奢侈，这样的人便难以保持一定的操守了。"

点评

这一章中孔子一共提到了五种人：圣人和君子都是有道德的人，前者比后者高出一个层次；善人和有恒者都是指本质善良、坚持操守的人，后者与前者之间也存在着递进关系；除此之外，就是那些难以保持一定操守的大多数了。孔子说自己看不到圣人、善人，感慨君子、有恒者也并不多见，其实是在表达一种迫切的心情，希望世界上仁人君子更多一些。

9月

17日

 原文

子曰："君子周①而不比②，小人比而不周。"⑮

——《为政》

 注释

①周：普遍、周到，这里指以道义为基础来团结人。

②比：勾结，出于暂时的利益而相互勾结。

译文

孔子说："君子以道义为基础团结众人，而不营私勾结；小人营私勾结，而不是以道义为基础来团结众人。"

 点评

孔子经常会通过君子与小人的对比，来说明君子应当具备的品格。这一章说的是君子和小人在处理人际关系时的区别。君子团结他人，小人则与人勾结，前者是基于道义，后者是为了利益，君子的团结普遍包容，小人的勾结偏私狭隘。"周而不比"和之前的"群而不党"，可以互为参照。

原文

> 子曰："君子怀^①德，小人怀土^②；君子怀刑^③，小人怀惠。"
>
> ——《里仁》

注释

①怀：心里存有，怀藏。

②土：乡土或者土地、田宅。

③刑：本指刑罚，这里指法度。

译文

孔子说："君子怀想的是仁德，小人则怀恋乡土；君子关心法度，小人关心恩惠。"

点评

这一章仍是君子与小人的区别，比较的是二者为人志趣的差异。君子心怀天下，关心的是德行道义和治理国家的法度，小人心心念念的却只是自己的一片小天地，一己的利益得失。人生目标的差异，导致了境界高下的不同，也区别出了格局的大小。孔子的言外之意是，一个人应当致力于提高自己的格局，向君子看齐。

原文

子曰:"君子喻①于义,小人喻于利。"⑤

——《里仁》

注释

①喻:明白,懂得。

译文

孔子说:"君子懂得的是义,小人懂得的是利。"

点评

这一章从义和利的角度来阐明君子与小人在行事标准上的差异,对后世影响深远。南宋理学家朱熹就曾强调:"义利之说,乃儒者第一义。"义与利的区别,其实是公与私的区别,是道德规范与个人利益的区别。孔子认为义是君子基本的行为准则,不过也应看到,孔子虽然重义,但并不反对个人追求利(益),只是对利的追求不能损害义。

原文

> 子曰："君子坦①荡荡②，小人长戚戚③。"㊺
>
> ——《述而》

注释

①坦：平坦。

②荡荡：宽广的样子。

③戚戚：忧愁的样子。

译文

孔子说："君子心地平坦宽广，小人经常局促忧愁。"

点评

这一章说的是君子与小人在心地气貌上的区别。君子不在乎个人利益，做事以道义为标准，而且乐天知命，行得正坐得端，所以很坦然；小人计较个人的荣辱得失，就容易担忧恐惧。君子与小人的这种区别，归根到底，其实还是义和利、无私与有私的区别。明白了这一点，人们也许便能找到自己生活中那些忧思恐惧的源头。

原文

子曰："君子成①人之美②，不成人之恶。小人反是③。" ⑮

——《颜渊》

注释

①成：成就，促成。
②美：好的、善的事情或行为。
③反是：与此相反。

译文

孔子说："君子成全别人的好事，不促成别人的坏事。小人却和这相反。"

点评

这一章说的是君子和小人如何对待别人。君子宅心仁厚，出发点是为了别人好，所以会去促成别人的好事或者善行，对于别人的恶也会及时制止。小人则是为了自己，见不得别人好。"成人之美"还是"成人之恶"，是仁与不仁的不同，也是善与恶的区别。

原文

> 子曰："君子和①而不同②，小人同而不和。"⑤
>
> ——《子路》

注释

①和：指多种事物在真善美
主导下的和谐。
②同：一味地盲从附和。

译文

孔子说："君子（能用自己的意见去协调别
人的意见，）追求正确前提下的和谐，却不肯盲
从附和。小人只是盲从附和，却不肯表达自己
的不同意见。"

点评

这一章讨论君子和小人如何对待不同观点的问题。这个世界上永远存
在着各种不同的声音，君子崇尚和谐，但并不强求所有人步调一致。君
子追求的"和"是在尊重差异基础上的和谐，是各种不同的声音配合得
当，恰到好处，也就是求同存异。相反，小人出于个人利益考虑，只会
应声附和。毫无疑问，孔子"和而不同"的观念在今天依然有非常重要
的意义。

原文

> 子曰："君子易事①而难说②(yuè)也，说之不以道，不说也，及其使人也，器之③。小人难事而易说也，说之虽不以道，说也，及其使人也，求备④焉。"
>
> ——《子路》

注释

①易事：容易共事。
②说：同"悦"，取悦，使……高兴。
③器之：按照各人的才德来使用。
④备：完备，完全。

译文

孔子说："和君子共事很容易，讨他的欢喜却很难。不用正当的方式去取悦他，他是不会欢喜的；等到他用人的时候，他会衡量每个人的才德来分配任务。和小人共事很难，讨他的欢喜却很容易。即使用不正当的方式去取悦他，他也会欢喜；等到他用人的时候，他却会百般挑剔，求全责备。"

点评

这一章比较君子与小人在工作环境中做事风格的不同。君子对事不对人，很难被取悦，却任人唯贤，容易合作；小人看重私利，对人不对事，容易对小恩小惠心存欢喜，但也心胸狭隘，吹毛求疵。即使隔了两千多年，社会关系也已完全不同，孔子对这两种风格的精准概括依然可以对照到现实中。

原文

子曰："君子泰①而不骄②，小人骄而不泰。"

——《子路》

注释

①泰：舒泰，坦然。

②骄：傲慢，骄矜。

译文

孔子说："君子舒泰坦然，却不骄傲凌人；小人骄傲凌人，却不舒泰坦然。"

点评

这一章可以和"君子坦荡荡，小人长戚戚"参照来看。君子"泰而不骄"，是因为心底无私，做事不为自己，待人没有分别。小人"骄而不泰"，则是因为利益心重，患得患失，得不到时"长戚戚"，一朝得志就会盛气凌人。"骄"和"泰"是一枚硬币的两面，从"骄"到"泰"需要很深的修为，不是一蹴而就的，先要"不骄"，然后进一步提高德行之后，才能到达"泰"的境界。

9 月

25 日

 原文

子曰："君子求^①诸^②己，小人求诸人。"

——《卫灵公》

 注释

①求：要求。

②诸：之于。

译文

孔子说："君子要求自己，小人要求别人。"

 点评

"反求诸己"是常被引用的儒家名言。对"求"字的不同理解，使得这句话有了多种不同的解读。但不管"求"字是解释成要求还是反思，强调的都是君子对自身的磨炼。君子应严于律己，宽以待人，遇事多从自己身上找原因，而不是推卸责任，苛求他人，或者怨天尤人。这是一种自立自强的精神，也是一种勇于担当的责任感。

原文

> 子曰："君子不可小知①而可大受②也，小人不可大受而可小知也。"
>
> ——《卫灵公》

注释

①知：知道，了解。
②受：受任，受命。

译文

孔子说："君子不可以用小事情衡量他，（他在小事上不一定做得好，）却可以接受重大任务。小人不可以接受重大任务，（但在小事上也许有可取之处，）可以用小事情衡量他。"

点评

这一章讲的是观人识人的道理。在孔子看来，尺有所短，寸有所长，无论君子还是小人，身上都有可取之处，只是侧重点不同。君子是堪当大任的人，但也并不是无所不能的完人，具体到某件小事上，可能未必比小人做得好。小人是格局狭小，眼界比较窄，但未必没有自己的特长。孔子对人的认识可谓客观而全面，而且不失厚道。

原文

> 孔子曰："君子有三畏①：畏天命，畏大人②，畏圣人之言。小人不知天命而不畏也，狎③[xiá]大人，侮圣人之言。"
>
> ——《季氏》

注释

①畏：敬畏，忌惮。
②大人：在高位的人。
③狎：轻慢，轻忽。

译文

孔子说："君子有三种敬畏：敬畏天命，敬畏王公大人，敬畏圣人的言语。小人不懂得天命，因而不怕它，（小人）轻视王公大人，轻侮圣人的言语。"

点评

弄清"畏"字的含义是理解这一章的关键。"畏"不仅仅是畏惧，其中还多了一层"敬"的内涵。为人应当有所敬畏，否则就会胡作非为，小人恰恰是那种没有敬畏之心的人。畏来源于"知"，小人无知无畏，君子有知有畏。孔子认为君子应当敬畏的三件事——天命、大人、圣人之言，正好对应着他所说的君子的三知——知天命、知礼、知言。

原文

> 子路曰："君子尚勇乎？"子曰："君子义以为上。君子有勇而无义为乱，小人有勇而无义为盗。"
>
> ——《阳货》

注释

①尚：同"上"，动词，崇尚，以……为上。

译文

子路问道："君子崇尚勇敢吗？"孔子说："君子认为义是最值得崇尚的。君子只有勇而没有义，就会捣乱造反；小人只有勇没有义，就会做土匪强盗。"

点评

勇敢常被当作美德，但在这一章，孔子告诫学生子路，勇也是有边界的，勇不能越过义的规范。孔子对待弟子一向是因材施教，子路为人勇武有余而谨慎不足，孔子这段话既是他本人对勇这种气质的警惕，也暗含着他对弟子的提醒与警戒。

原文

在陈绝粮，从者病，莫能兴①。子路愠见曰："君子亦有穷②乎？"
子曰："君子固③穷，小人穷斯滥④矣。"

——《卫灵公》

注释

①兴：起。
②穷：困厄，窘困。
③固：固守，坚守。
④滥：胡作乱为。

译文

（孔子）在陈国断绝了粮食，跟随的人都饿病了，爬不起床来。子路很不高兴地来见孔子，说道："君子也遭遇困厄吗？"孔子说："君子即使在困厄中，也会有所坚守；小人在困厄中就会胡作乱为了。"

点评

"在陈绝粮"是孔子一生中遭遇的最大一次危机，绝境之中，他的学生子路也遇到了自己的信仰危机：君子崇尚道德，就应该受到道德的保护，为什么君子会到这种走投无路的境地？孔子劝解了子路，也是在勉励世人，君子越是在困厄中，越要能看清什么对自己来说是最重要的，越要坚持志节。人无法左右外在的环境，但可以掌控自己的心志。

原文

> 子曰："盖有不知而作①之者，我无是也。多闻，择其善者而从之；多见而识②[zhi]之，知之次③也。"
>
> ——《述而》

注释

①作：创制，造作。

②识：记住。

③次：差一等，次一等。

译文

孔子说："大概有一种自己不懂却凭空造作的人，我没有这种毛病。多多地听，选择其中好的加以学习；多多地看，全记在心里。这样的知，是仅次于'生而知之'的。"

点评

这一章是孔子对自己的判断。孔子说自己不是那种"生而知之者"，而是次一等的"学而知之者"，是在后天的学习中不断进步的人。孔子所谓的"学"，不仅仅是指知识学问的学习，也包括了进德修身。不要不懂装懂，多听多看，分析辨别，择其善者而从之，记在心里反复参详。这些是学习的法门，也是修身的道理，是成为君子的路径。

精选真题

2023 年北京市高考

阅读下面四则材料，按要求回答问题。

①子曰："君子疾没世而名不称焉。"

（《论语·卫灵公》）

②子曰："君子病无能焉，不病人之不己知也。"

（《论语·卫灵公》）

③子曰："君子病没世而名不称焉。吾道不行矣，吾何以自见于后世哉？"

（《史记·孔子世家》）

④先生（王阳明）曰："为学大病在好名。……'疾没世而名不称'，'称'字去声[①]读，亦'声闻过情，君子耻之'[②]之意。"

（《传习录》）

【注】①去声：第四声。②声闻过情，君子耻之：语出《孟子》。情，实情。

对于①中画线的句子有两种解读，现代语言学家杨伯峻的解读是"到死而名声不被人家称述，君子引以为恨"。④是明代思想家王阳明的解读，与杨伯峻有所不同。

（1）说明杨、王两种解读对"称"的读音和词义的理解有何不同。

（2）用自己的话写出王阳明对①"君子疾没世而名不称焉"解读的大意。

（3）在杨、王两种解读中任选一种，从上述材料中找出依据，简要解释其合理性。

阅读下面的材料，完成下面小题。（6分）

①子曰："君子义以为质，礼以行之，孙以出之，信以成之。君子哉！"

《论语·卫灵公》

②子路曰："君子尚勇乎？"子曰："君子义以为上。君子有勇而无义为乱，小人有勇而无义为盗。"

《论语·阳货》

③"君子之于天下也，无适也，无莫也，义之与比。"

《论语·里仁》

④仁者人也，义者宜也。

《论语·中庸》

（1）第三则材料中"无适也，无莫也"是什么意思？（2分）

（2）根据上述材料，简述儒家"义"的内涵。（4分）

⓸ 2017 年北京市中考

下面是一副曾悬挂在山东曲阜孔府内的对联，这副对联可以让我们从多方面了解孔子的思想。请你从上、下联中各选择一个方面，并分别以【链接材料】一则《论语》中的相关内容为例，简要说出你的认识。（3分）

上联：居家当思清内外别尊卑重勤俭择朋友有益于己

下联：处世尤宜慎言语守礼法远小人亲君子无愧于心

【链接材料】

①子曰："君子不重，则不威；学则不固。主忠信。无友不如己者。过，则勿惮改。"

（《论语·学而》）

②有子曰："礼之用，和为贵。先王之道，斯为美；小大由之。有所不行，知和而和，不以礼节之，亦不可行也。"

（《论语·学而》）

③子夏问孝。子曰："色难。有事，弟子服其劳；有酒食，先生馔；曾是以为孝乎？"

（《论语·为政》）

④或谓孔子曰："子奚不为政？"子曰："《书》云：'孝乎惟孝，友于兄弟，施于有政。'是亦为政，奚其为为政？"

（《论语·为政》）

⑤林放问礼之本。子曰："大哉问！礼，与其奢也，宁俭；丧，与其易也，宁戚。"

（《论语·八佾》）

⑥子曰："君子欲讷于言而敏于行。"

（《论语·里仁》）

㊹ 2017 年北京市西城区中考一模

《论语》中有多处论述言行关系的语句。请你结合下面的语句，说说孔子对言与行的关系持怎样的看法，并结合生活实际谈谈你的理解。（5分）

子曰："君子食无求饱，居无求安，敏于事而慎于言，就有道而正焉，可谓好学也已。"

（《论语·学而》）

子贡问君子。子曰："先行其言而后从之。"

（《论语·为政》）

子曰："古者言之不出，耻躬之不逮也。"

（《论语·里仁》）

子曰："君子欲讷于言而敏于行。"

（《论语·里仁》）

㊺ 2021 年北京市东城区高考一模

阅读下面《论语》中的文字，回答问题。（5分）

子曰："君子周而不比，小人比而不周。"

（《论语·为政》）

子曰："君子喻于义，小人喻于利。"

（《论语·里仁》）

子曰："君子坦荡荡，小人长戚戚。"

（《论语·述而》）

子曰："君子成人之美，不成人之恶，小人反是。"

（《论语·颜渊》）

子曰："君子和而不同，小人同而不和。"

（《论语·子路》）

在《论语》中，孔子常把"君子"与"小人"进行对比。请你综合以上材料，概括出"君子"有哪些特点。

㊻ 2019 年浙江省高考

阅读下面的材料，完成下面小题。(2分)

子曰："君子道者三，我无能焉：仁者不忧，知者不惑，勇者不惧。"子贡曰："夫子自道也。"

（《论语·宪问》）

"夫子自道"在句中的意思是＿＿＿＿＿＿＿＿＿＿＿＿＿。

子贡认为孔子的"我无能"是＿＿＿＿＿＿＿＿＿＿的说法。(2分)

10 月

01 日

孝亲善友

导语

　　亲爱的朋友，十月好！十月的主题是"孝亲善友"。

　　九月讲了如何修身，讲了如何成长为一名谦谦君子。修身的目的之一是为了更好地与人相处。一个有修养的人，一定可以带给身边的人幸福和自在。十月的主题孝亲善友包含两个层面的意思，一是对长辈要孝，另一个是对身边的朋友要和善、友善。孝道是儒家的特色学说，也是中国人独有的观念。在古代，孝道不仅关系到个人德行，更关系到社会的组织和构建，具有非比寻常的意义。孝亲是对内的，善友是对外的。善友方面，孔子从如何选择朋友说起，告诉人们应该如何对待朋友，其交友观念是非常先进的，现代人依然能从中收获很多。

原文

子曰："父在，观其①志。父没②[mò]，观其行。三年③无改于父之道④，可谓孝矣。"㊽

——《学而》

注释

①其：这里指孩子，不是指父亲。

②没：同"殁"，死亡。

③三年：多年。

④道：做事的准则。

译文

孔子说："父亲在世时，要考察孩子的志向。父亲去世之后，要看孩子的行为。长期遵循父亲在世时为人处事的准则，那就可以说（这个人）是尽孝了。"

点评

在古代，子承父志是孝的体现。在不同阶段里，子承父志的表现是不同的。父亲在世时，孩子的行为由父亲主导，这时候要看孩子内心的志与外在的行为是否一致。父亲去世后，孩子的行为失去父亲的指导，这时他的行为是自主的。如果多年后他还在履行父亲的道，就称得上孝了。但是，如果"父之道"有可以改进的地方，孔子也鼓励进步。如果有更好的做事准则，孔子非常愿意改变自己。这个"孝"字，更多强调的是精神领域，而不是谨遵父命，一味地愚孝。

原文

> 孟懿[yì]子①问孝，子曰："无违②。"樊迟御③，子告之曰："孟孙问孝于我，我对曰，无违。"樊迟曰："何谓也？"子曰："生，事④之以礼；死，葬之以礼，祭之以礼。"⑬
>
> ——《为政》

注释

①孟懿子：鲁国大夫，姓仲孙，名何忌，懿是其谥号，文中的"孟孙"也是指他。

②无违：不违逆。

③御：驾车。

④事：侍奉。

译文

孟懿子向孔子问孝道，孔子说："不要违背（礼）。"在樊迟给孔子驾车时，孔子对樊迟说："孟懿子向我问孝道。我回答说，不要违背（礼）。"樊迟问："这是什么意思呢？"孔子说："父母活着时，依照礼的规定侍奉他们；父母去世后，按照礼的规定安葬他们，依照礼的规定祭拜他们。"

点评

孟懿子的父亲孟僖子"贤而好礼"。孔子在回答孟懿子关于孝的问题时，只回答"无违"二字。这是在提醒孟懿子，反思自己的行为有没有违背父亲志向的地方。联系前面讲过的"父在，观其志。父没，观其行。三年无改于父之道"，孔子对孟懿子的回答虽然简短，但是是针对孟懿子违背礼的行为而言的。在孔子看来，无论是事父还是事君，都要以礼相待，这不仅是对自己德行的规范，也是对父母、君主的尊重。

323

原文

> 子游问孝。子曰："今之孝者，是谓能养①。至于犬马，皆能有养；不敬，何以别乎？"
>
> ——《为政》

注释

①养：赡养。

译文

子游问什么是孝。孔子说："现在所说的孝，就是能够养活父母就行了。照这样来看，狗和马也有人喂养，如果不能心存孝敬，怎么去分别供养父母与饲养狗和马呢？"

点评

赡养父母体现了儿女的孝心，但这仅仅是孝的最低层次。孔子的这段回答，突出了一个"敬"字。孝的核心是敬，而不是养。人是有尊严的，《礼记》中有"不受嗟来之食"的典故，哪怕一个乞丐饿得快要死了，也不会去接受别人侮辱性的施舍，何况是一个人的父母呢？对父母的孝，并不一定是物质上的奉养有多丰厚，更重要的是在精神上给父母以关爱、尊敬、体贴。

原文

子夏问孝。子曰:"色①难。有事,弟子②服其劳;有酒食,先生③馔④[zhuàn];曾⑤[zēng]是以为孝乎?"⑱

——《为政》

注释

①色:容色,这里指子女侍奉父母时的和颜悦色。

②弟子:年轻者,这里指子女。

③先生:年长者,这里指父母。

④馔:食物,这里指吃喝。

⑤曾:竟然,表示疑问。

译文

子夏向孔子问孝道。孔子说:"在侍奉父母时能和颜悦色,这才是难(做到)的。仅仅在有事情时,年轻人去效劳,有酒有饭时,让父母先享用,这竟然就算孝吗?"

点评

给父母完备的物质生活,只是孝的外在,发自内心的孝道是要对父母和颜悦色。儒家对人的要求,看似是对人行为的规范,实际上,这些行为都是由内心的道德观念驱动的。《礼记》中说:"孝子之有深爱者必有和气,有和气者必有愉色,有愉色者必有婉容。""婉容"就是孔子讲到的"色",这种和颜悦色是由内心的深爱散发出来的,不是虚假的表演。

原文

> 子曰:"事父母几^①谏^②,见志不从,又敬不违^③,劳^④而不怨。"
>
> ——《里仁》

注释

①几:轻微,婉转。

②谏:规劝君主或尊长,使其改正错误。

③违:忤逆,冒犯。

④劳:忧愁。

译文

孔子说:"侍奉父母,(如果他们有不对的地方,)得婉转地劝止,看到自己的心意没有被听从,仍然要恭敬地不冒犯他们,(可能自己)内心忧愁,但不怨恨。"

点评

孔子说过,一旦犯错,不能害怕、逃避问题,而是要及时改正错误。但这一章讲的是在家庭生活中,是非与情感之间的取舍。如果因为劝谏父母,严重损害了亲子关系,那子女还要劝吗?或者要劝到什么程度?所以,为人子女在劝谏父母的时候,还需要好好平衡"改正错误"和"情感损害"之间的关系。

子曰："父母之年，不可不知①也。一则以喜，一则以惧。"

——《里仁》

注释

①知：记忆，记住。

译文

孔子说："父母的年龄不能不时时记在心里。一方面因为他们高寿而高兴，另一方面因为他们年龄大了而恐惧。"

点评

这一章里孔子说了子女对父母年龄增长的一种矛盾心态，矛盾源自子女对父母朴素的情感。孔子的这句话是提醒天下的子女，与父母一起生活的时间是有限而宝贵的，要珍惜。孔子的思想体系充满了温柔淳朴的伦理亲情色彩。

原文

　　宰我问："三年之丧①，期已久矣。君子三年不为礼，礼必坏；三年不为乐，乐必崩。旧谷既没，新谷既升，钻燧[suì]改火②，期③可已矣。"子曰："食夫[fú]稻④，衣夫锦，于女安乎？"曰："安。""女安，则为之！夫君子之居丧，食旨不甘，闻乐不乐，居处⑤不安，故不为也。今女安，则为之！"宰我出，子曰："予之不仁也！子生三年，然后免于父母之怀。夫三年之丧，天下之通丧也。予也有三年之爱于其父母乎？"❹

——《阳货》

注释

①三年之丧：为父母守丧三年。古代丧葬制度的一部分。三年并非三十六个月，而是二十五个月或二十七个月，是最大的丧礼。

②钻燧改火：古代钻木取火，所用木头四季不同，一年轮一遍，叫改火。

③期：一周年。

④稻：古代北方以小米为主要粮食，水稻比较珍贵。与后文的"锦"对应。衣锦、食稻都表示生活安逸。

⑤居处：古代孝子要住在用草料和木料搭建的草庐里。这里的"居处"指平日的居住生活。

宰我问："父母死了，服丧三年，期限太长了。君子三年不习礼仪，礼仪一定会废弃；三年不演奏音乐，音乐一定会荒废。陈谷已经吃完，新谷已经登场，取火用的燧木已经轮换了一遍，服丧一年就可以了。"孔子说："（丧期不到三年就）吃稻米，穿锦缎，对你来说你心安吗？"宰我说："心安。"孔子说："你心安，你就那样干吧！君子服丧，吃美味不觉得香甜，听音乐不感到快乐，住在家里不觉得舒适安宁，所以他不那样做。现在你心安，就那样去做吧！"宰我出去了，孔子说："宰我不仁啊！儿女生下来三年后，才能完全脱离父母的怀抱。三年丧期，是天下通行的丧礼。宰予难道没有从他父母那里得到过三年怀抱之爱吗？"

点评

宰我能言善辩，他认为为父母守孝三年是不合理的，因此和孔子展开了一场辩论。应该认识到，三年丧礼的确存在一定的弊端，这是它的时代局限性。但是，孔子批评宰我的根本原因，是宰我没有发自内心地表达对父母的孝，所以孔子一再确认他是否心安。

原文

孟武伯问孝。子曰："父母唯其①疾之忧。"

——《为政》

注释

①其：指子女。主要有两种说法。第一种指子女，全句意为父母唯恐子女患病；第二种指父母，全句意为子女当担忧父母的疾病。这里采取第一种说法。

译文

孟武伯问孝道。孔子说："让父母只担忧子女的疾病（不担心其他的事，就是孝）。"

点评

作为子女，走正道，做正事，做正派的人，不让父母担心忧虑，只在像疾病这样自己无法完全掌控的事情上让父母操心，就是孝。《孝经》中有一句话："身体发肤，受之父母，不敢毁伤，孝之始也。"子女身上的一切都是父母给的，孝敬父母，还要从爱惜自我做起。在疾病上让父母少些担忧，就是更加孝顺了。

10日

原文

子曰："父母在，不远游，游必有方①。"

——《里仁》

注释

①方：方位，去处。

译文

孔子说："父母在世的时候，子女不远游外地，即使要出远门，也要有一定的去处。"

点评

孝需要在日常的饮食起居中体现，子女在父母身边照顾是孝的要求，所以孔子不主张父母在世时抛却父母去远游。即使远游，也要告知父母自己的去处，不能随意漂泊，增加父母的担忧，那样，就是双重的不孝了。

原文

> 曾子曰: "吾闻诸夫子, '人未有自致①者也, 必也亲丧乎! '"
>
> ——《子张》

注释

①致: 到了极点。这里指人的真情全部表露出来。

译文

曾子说: "我听老师说, '(平常时候,) 人不可能自动地充分表露感情, (如果有,) 一定是在父母死亡的时候吧! '"

点评

儒家讲究情感的节制, "发乎情, 止乎礼", 只有在遇到人生的至痛——父母去世时, 才可以不用控制感情。要明白, 儒家的这种主张是中庸思想的表现, 不是让人完全压制自己的情感, 而是要合理地抒发情感, 关键在于一个度。

原文

> 曾子曰："吾闻诸夫子，'孟庄子①之孝也，其他可能也，其不改父之臣与父之政，是难能也。'"

——《子张》

注释

①孟庄子：名速，鲁国大夫，孟献子的儿子。

译文

曾子说："我听老师说，'孟庄子的孝，其他方面（别人）可以做到，而他不改换父亲的旧臣和父亲的政治措施，这是（别人）难以做到的。'"

点评

孔子褒奖孟庄子可以不改父亲孟献子的旧臣和政治措施，这是"无改于父之道"，是孝的体现。孟献子无论德行还是理政才能，都是很出色的，所以孔子赞成孟庄子继承其志。这正呼应了孔子的另一句话"择其善者而从之"，如果孟献子做的事不值得肯定和传承，孔子也不会为了孝道赞同孟庄子全面继承的。

10月
13日

原文

> 子曰："君子不重①，则不威；学则不固。主忠信。无②友不如己者。过，则勿惮③[dàn]改。" 43 48
>
> ——《学而》

注释

①重：庄重，自持。
②无：同"毋"，不要的意思。
③惮：怕，畏惧。

译文

孔子说："君子不庄重，就没有威严;（即使读书,）所学也不会牢固。（做事）要以忠和信两种道德为主。不要跟不如自己的人交朋友。有了过错，就不要害怕改正。"

点评

孔子从个人自身和择友两方面对君子提出了要求。儒家讲究修身齐家治国平天下，对于个人来说，第一还是修身，只有自己的德行和学识完善了，才有能力去为家庭和国家做贡献。在交朋友方面，要向上择友，也就是不与德行不如自己的人做朋友。择友讲究原则，其实也是在严格要求自己。

原文

> 孔子曰："益者三友，损者三友。友直，友谅①，友多闻，益矣；友便[pián]辟②，友善柔③，友便[pián]佞④，损矣。"⑩
>
> ——《季氏》

注释

①谅：诚信，信实。
②便辟：逢迎谄媚。
③善柔：善于以和颜悦色骗人。
④便佞：惯于花言巧语。

译文

孔子说："有益的朋友有三种，有害的朋友有三种。同正直的人交友，同诚信的人交友，同见闻广博的人交友，便有益了；同逢迎谄媚的人交友，同当面恭维背后毁谤的人交友，同惯于花言巧语的人交友，便有害了。"

点评

孔子提出了交友的原则"三益三损"。交到益友，对人生会产生正面积极的影响。交到损友，个人利益会受到损害。遇到益友，好好相处好好珍惜，遇到损友，赶紧远离。孔子的这一告诫，至今仍能指导人们的日常交友行为。

原文

> 孔子曰："益者三乐，损者三乐。乐节礼乐[yuè]①，乐道人之善，乐多贤友，益矣。乐骄乐②，乐佚③游，乐宴乐④，损矣。"
>
> ——《季氏》

注释

①节礼乐：孔子主张用礼乐来节制、调节人的言行。

②骄乐：骄纵不知节制的快乐。

③佚：同"逸"，安逸。

④宴乐：宴饮无度的快乐。

译文

孔子说："有益的快乐有三种，有害的快乐有三种。以得到礼乐的调节为快乐，以称道别人的好为快乐，以交了不少贤德的朋友为快乐，这是有益的。以骄傲放纵为快乐，以游荡忘返为快乐，以宴饮无度为快乐，这是有害的。"

点评

孔子所说的三种有益的快乐都是关于德行的，一个人要在德行上不断完善自己，同时不吝啬称道别人的优点，宣扬别人的善，才能带来持久的有益于身心的快乐。而放纵自己的欲望换来的短暂快乐，只会把人引向堕落。

原文

子贡问友，子曰："忠告而善道①[dǎo]之，不可则止，毋自辱焉。"❿

——《颜渊》

注释

①道：同"导"，引导。

译文

子贡问对待朋友的方法，孔子说："忠心地劝告他，好好地引导他，他不听从，也就罢了，不要自取其辱。"

点评

子贡能言善辩，孔子借对待朋友的方式来提醒他，面对朋友的错误，要诚恳而委婉地劝告，但也要讲究分寸，适可而止，给自己留一份体面，也给别人留点空间。

原文

> 子曰："学而时①习②之，不亦说[yuè]乎？有朋自远方来，不亦乐乎？人不知而不愠③[yùn]，不亦君子乎？" ④⑤
>
> ——《学而》

注释

①时：按时。

②习：本义是鸟儿练习飞翔，这里是练习、实习的意思。

③愠：怨恨。

译文

孔子说："学了，然后按时去练习，不也很高兴吗？有志同道合的人从远方来，不也快乐吗？人家不了解我，我却不怨恨，不也是君子吗？"

点评

这是《论语》开篇的第一章，孔子讲了学习的三个阶段。第一个阶段是把学到的知识按时练习，第二个阶段是和志同道合的朋友相互切磋，最后进入最高境界，不断完善自己的德行和知识，不被人理解也不怨恨，这才是真正做到了君子风度。

原文

> 子曰："视其所以①，观其所由②，察其所安③。人焉廋④[sōu]哉？人焉
> 廋哉？"
>
> ——《为政》

注释

①所以：所抱有的动机。

②所由：所经由的道路，这里指方式、方法。

③安：安心。

④廋：隐藏，藏匿。

译文

孔子说："看一个人（言行）所抱有的动机，观察他做事的方法，考察他安心于什么。（这样的话，）这个人怎么能隐藏得住呢？这个人怎么能隐藏得住呢？"

点评

孔子这里讲的是认识人的方法，从动机、方法、志趣三个维度去考察一个人，基本上就能准确地了解这个人。因为，纵然一个人隐藏得再好，他的动机是藏不住的，方法不会轻易改变，志趣就更是一个人内心最真实的写照了。穿越千年，孔子的话依然那么实用。

原文

> 子贡问曰："乡人皆好①_[hào]之，何如？"子曰："未可也。""乡人皆恶_[wù]之，何如？"子曰："未可也。不如乡人之善者好之，其不善者恶之。"
>
> ——《子路》

注释

①好：喜欢。

译文

　　子贡问道："全乡的人都喜欢他，这个人怎么样？"孔子说："还不行。""全乡的人都厌恶他，这个人怎么样？"孔子说："还不行。最好是乡里的好人都喜欢他，乡里的坏人都厌恶他。"

点评

　　根据周围人的评价能判断一个人的好坏，被所有人喜欢或者被所有人厌恶，都无法判断这个人的好坏。好人喜欢、坏人厌恶的人才是一个好人。说明那是一个有原则、有是非观的人。大家都喜欢的老好人，被孔子称为"乡愿"，是道德准则的破坏者。

10月
20日

原文

子曰："众恶[wù]之，必察①焉；众好[hào]之，必察焉。"⑤⑦

——《卫灵公》

注释

①察：考察。

译文

孔子说："大家都厌恶他，一定要去考察（实际情况）；大家都喜爱他，也一定要去考察（实际情况）。"

点评

这里强调的是不能人云亦云，要有独立思考的意识，培养自己的分辨能力。那分辨能力从哪里来呢？俗话说，实践出真知，只有自己去了解了实际情况，才能得出比较贴近事实的判断。

341

10月

21日

原文

> 子路问曰："何如斯可谓之士矣？"子曰："切切偲[sī]偲①，怡怡②如也，可谓士矣。朋友切切偲偲，兄弟怡怡。"
>
> ——《子路》

注释

①切切偲偲：互相恳切批评勉励的样子。

②怡怡：和气顺从的样子。

译文

子路问道："怎么样才可以叫作'士'了呢？"孔子说："互相批评勉励，又能和睦共处，可以叫作'士'了。朋友之间批评勉励，兄弟之间和睦共处。"

点评

为什么孔子要区分朋友和兄弟呢？朋友能指出对方的错误，忠心地劝告对方，并且把对方往好的方向引导，能够做到这些的朋友，必然会和睦。兄弟之间朝夕相处，很容易发生口角，所以，孔子特意强调兄弟之间要和睦共处。

342

原文

子曰："不得中行①而与②之，必也狂③狷④乎！狂者进取，狷者有所不为也。"

——《子路》

注释

①中行：言行符合中庸。

②与：相与，交往。

③狂：激进，任性。

④狷：性情耿介，不肯同流合污。

译文

孔子说："（如果）得不到言行符合中庸的人和他交往，那一定要和激进的人和狷介的人交往吧！激进的人一意向前，狷介的人不做坏事。"

点评

行中庸之道是很高的境界，很少有人能达到这个境界。那怎么办呢？退而求其次，可以与狂狷的人交往。无论是狂，还是狷，这两种人虽然没有达到中庸之道，但是他们行的是正道，坚持自己的原则，具备成为贤人和圣人的基础。

原文

> 子曰："巧言、令色、足恭，左丘明^①耻之，丘亦耻之。匿^②[nì]怨而友其人，左丘明耻之，丘亦耻之。"
>
> ——《公冶长》

注释

①左丘明：春秋末期史学家、文学家，相传是《左传》和《国语》的作者。

②匿：隐藏。

译文

孔子说："花言巧语、容貌伪善、十足恭顺，（这种态度，）左丘明认为可耻，我也认为可耻。内心藏着怨恨，表面上却跟别人很友好，（这种行为，）左丘明认为可耻，我也认为可耻。"

点评

无论是言语上，脸色上，还是姿态上，过分恭敬和讨好，都近于谄媚，孔子认为这很可耻，对同样的人他还说过"巧言令色的人是很少有仁德的"。从来不指出你缺点的朋友，没有尽到朋友的责任，孔子认为，交友要交诤友。

原文

孔子曰："侍于君子有三愆①[qiān]：言未及之而言谓之躁②，言及之而不言谓之隐③，未见颜色而言谓之瞽④[gǔ]。"

——《季氏》

注释

①愆：过失。

②躁：急躁。

③隐：隐瞒。

④瞽：眼睛瞎，盲目。

译文

孔子说："陪着君子说话容易犯三种过失：没轮到他说话却说话，叫作急躁；该说话时却不说，叫作隐瞒；不看君子的脸色而贸然说话，叫作盲目。"

点评

孔子说的这三点，不是让人去讨好君子，而是让人知进退。其实，日常和同学、朋友交往，也要尽量避免犯这三种错误。不抢话，学会倾听；不隐瞒，学会坦诚；不盲目，学会察言观色。

原文

伯牛①有疾，子问之，自牖②[yǒu]执其手，曰："亡[wáng]之，命矣夫！斯人也而有斯疾也！斯人也而有斯疾也！"

——《雍也》

注释

①伯牛：孔子的学生，姓冉，名耕，字伯牛。

②牖：窗户。

译文

伯牛生病了，孔子去探问他，从窗户里握着他的手，说："难得活了，这是命啊！这样的人竟得这样的病啊！这样的人竟得这样的病啊！"

点评

孔子很少有失态的时候，但看到伯牛就要死了，他无法控制自己悲痛的心情，除了感叹命运无常，还接连说了两遍"斯人也而有斯疾也"。可以想见，伯牛在孔子心中的分量有多重。对于孔子来说，伯牛不只是弟子，还是一个共患过难的老朋友。

原文

子曰："甚矣吾衰也①！久矣吾不复梦见周公！"

——《述而》

注释

①甚矣吾衰也：倒装句，状语前置，"吾衰也甚矣"。后面一句也是，"吾不复梦见周公久矣"。

译文

孔子说："我衰老得多么厉害啊！我好长时间没有再梦见周公了！"

点评

这是孔子晚年的一句感叹。孔子把周公当作自己的偶像，他一心想恢复周礼，感叹自己好久没有再梦见周公了，其实是一种有志不得伸的无奈。好在，孔子的三千弟子没有让圣人之道失传，人们今天还能够继续领受圣人的智慧。

原文

子不语：怪、力、乱、神①。

——《述而》

注释

①怪、力、乱、神：怪是怪异；力是勇力，也说是施暴逞强；乱是叛乱；神是鬼神。

译文

孔子不谈论怪异、勇力、叛乱和鬼神。

点评

孔子避讳谈论怪异、勇力、叛乱和鬼神，是因为这些事情要么对现实生活没有助益，要么不符合礼。这些反常的事情，也不能帮助教化百姓，反而会滋生不良的影响。

10月

28日

原文

> 子疾病^①，子路请祷。子曰："有诸^②？"子路对曰："有之。《诔》^③_[lěi]曰：'祷尔于上下神祇^④_[qí]。'"子曰："丘之祷久矣。"
>
> ——《述而》

注释

①疾病：疾指有病；病指病重。

②诸："之于"的合音。

③诔：向神祇祷告的文章。和哀悼死者的文体"诔"不同。

④祇：地神。

译文

孔子病重，子路请求祈祷。孔子说："有这回事吗？（有这样的做法吗？）"子路回答说："有的。《诔》文中说过：'替你向天地神灵祈祷。'"孔子说："我早就祈祷过了。"

点评

孔子认为生病时向神灵祷告是没用的，是不能痊愈的。在他看来，提高自己的德行，追求天下大道，这样自然会受到神明的护佑。所以，孔子很自信地说"我很早就祷告过了"，德行才是他真正的祷告。

原文

师冕①见，及阶，子曰："阶也。"及席，子曰："席也。"皆坐，子告之曰："某在斯，某在斯。"师冕出。子张问曰："与师言之道与？"子曰："然。固相②[xiàng]师之道也。"

——《卫灵公》

注释

①师冕：师是乐师，冕是乐师的名。古代的乐师一般是盲人。

②相：帮助。

译文

乐师冕来见孔子，走到台阶边，孔子说："这是台阶。"走到座席边，孔子说："这是座席。"（所有人）都坐下后，孔子告诉乐师冕："某人在这里，某人在这里。"乐师冕离开后，子张问道："这就是和盲人乐师讲话的方式吗？"孔子说："是的，这本来就是帮助盲人乐师的方式。"

点评

子张看到了孔子对待师冕的全程，他感到有点诧异，以为老师会和师冕谈一些很高深的学问，没想到，孔子只是说了这些很日常、很琐碎的话。孔子觉得这很自然，因为圣人之道在平常，只要有仁爱之心，待人接物保持一份内心的真诚，就是在践行道。

原文

> 厩①[jiù]焚。子退朝，曰："伤人乎？"不问马。
>
> ——《乡党》

注释 ｜ 译文

①厩：马棚。

（孔子家的）马棚失火了。孔子退朝回来，说："伤到人了吗？"没有问马（怎么样了）。

点评

这一章记载了一个很有场景感的小故事，历来有不同的解释。第一种说法是，相比于动物，孔子更关心的是人。第二种说法是"不问马"是后人所加。第三种从句读上解释，认为应该是"不（否），问马"。无论是哪种解释，都离不开一个根本的内涵，那就是孔子的人本主义思想。

原文

> 朋友死，无所归，曰："于我殡①。"
>
> ——《乡党》

注释

①殡：停放灵枢和埋葬死者都可以叫殡，这里泛指一切丧葬事务。

译文

（孔子的）朋友死了，没有人负责收殓，孔子说："由我来料理丧事吧。"

点评

　　按照礼的规定，一个人死后，应该先由他的亲人来处理后事，然后才是朋友。孔子在看到朋友无人收殓之后，自告奋勇地承担朋友的丧葬义务。他是很果断坦然的，没有等待，也没有推托，足见他对朋友的情义。

精选真题

孝是中华民族的传统。小叶在阅读《论语》下面一段文字时产生了疑惑：难道宰我说的不对吗？父母死，守孝三年不是时间太长吗？为什么孔子要斥他"不仁"呢？放在现在，不为父母守孝三年，而在清明节祭奠父母，甚至网上祭扫不也是可以的吗？请结合上述观点，向小叶谈谈你的看法。

宰我问："三年之丧，期已久矣。君子三年不为礼，礼必坏；三年不为乐，乐必崩。旧谷既没，新谷既升，钻燧改火①，期②可已矣。"子曰："食夫稻③，衣夫锦，于女安乎？"曰："安。""女安，则为之！夫君子之居丧，食旨④不甘，闻乐不乐，居处不安，故不为也。今女安，则为之！"宰我出。子曰："予之不仁也！子生三年，然后免于父母之怀。夫三年之丧，天下之通丧也。予也有三年之爱于其父母乎？"

《论语·阳货》

【注】①钻燧改火：古人钻木取火，四季所用木头不同，每年轮一遍，叫改火。②期：音jī，一年。③食夫稻：古代北方少种稻米，故大米很珍贵。这里是说吃好的。④旨：甜美，指吃好的食物。

48 2016 年北京市顺义区中考一模

在《论语》中，先贤孔子用甲的语句，论述忠的重要性。也用乙的语句告诉我们孝的社会影响。请从下列语句中选择内容，填入甲乙两个横线处，并说明理由。（6分）

①有子曰："其为人也孝弟，而好犯上者，鲜矣；不好犯上，而好作乱者，未之有也。君子务本，本立而道生。孝弟也者，其为仁之本与!"

②曾子曰："吾日三省吾身，为人谋而不忠乎？与朋友交而不信乎？传不习乎？"

③子曰："父在，观其志。父没，观其行。三年无改于父之道，可谓孝矣。"

④子曰："君子不重，则不威；学则不固。主忠信。无友不如己者。过，则勿惮改。"

甲选_____理由_____。

乙选_____理由_____。

49 2014 年浙江省高考

阅读下面的材料，完成下面小题。（5分）

孔子曰："益者三友，损者三友。友直，友谅，友多闻，益矣；友便辟，友善柔，友便佞，损矣。"

（《论语·季氏》）

子曰："孰谓微生高①直？或乞醯②焉，乞诸其邻而与之。"

（《论语·公冶长》）

【注】①微生高：春秋时鲁国人。②醯 (xī)：醋。

（1）第一则材料主要体现了孔子的_____观。（1分）

（2）孔子为什么说微生高不直？对孔子这种评价，你怎么看？（4分）

默写。(2分)

　　小静学习成绩好，组织能力强，但她刚转到我们班来，不为同学所了解，因此在班干部竞选中落榜了。李老师引述了《〈论语〉十则》中的两句话"＿＿＿＿＿＿＿＿，＿＿＿＿＿＿＿＿"帮她解开了心中的疙瘩。

诗文礼乐

11月
01日

　　十一月的主题是"诗文礼乐"。诗就是《诗经》，文是文章、文采，礼就是孔子想复兴的周礼，是春秋时期个人用来规范自己行为的准则，也是一整套有体系的社会制度，它和"仁"一起构成了孔子思想体系的核心。乐，顾名思义，就是音乐了。在孔子看来，诗、文、礼、乐都有着教化作用，《论语》中记载了孔子很多这方面的言论。那么，孔子具体是怎么说的呢？回溯到两千多年前，一起来感受下诗文礼乐的丰富内涵吧，也去感受一个生动而鲜活的圣人孔子。

原文

> 子曰："《诗》三百①，一言以蔽②之，曰：'思无邪③。'" ㉕㊾
>
> ——《为政》

注释

①《诗》三百：即《诗经》，共305篇。这里是举其整数。

②蔽：概括。

③思无邪：出自《诗经·鲁颂·駉》，原文是指马沿着大道不偏斜。孔子引用此句，用来说《诗经》的思想感情纯正无邪。

译文

孔子说："《诗经》三百篇，用一句话来概括，就是'思无邪'。"

点评

在孔子看来，《诗经》反映了西周和春秋早中期人们自然健康的情感，读《诗经》可以协调一个人的情感，端正一个人的思想。在礼崩乐坏的春秋晚期，孔子很重视《诗经》移风化俗的教化意义。"思无邪"是孔子对《诗经》宗旨的最高概括，后来研究《诗经》的学者也都从孔子的这一评价切入。

原文

> 子夏问曰："'巧笑倩①兮[qiàn]，美目盼②兮，素以为绚③兮。'何谓也？"子曰："绘事后素。"曰："礼后乎？"子曰："起④予者商也！始可与言《诗》已矣。"
>
> ——《八佾》

注释

①倩：面容姣好。

②盼：黑白分明。

③绚：色彩华丽。

④起：启发。

译文

子夏问道："'姣好的面容笑得真好看啊，黑白分明的眼睛真动人啊，洁白的底子上画着色彩华丽的图案啊'，这几句诗是什么意思呢？"孔子说："先有白色底子，然后（才能在白色底子上）画花。"子夏说道："也是先有仁后有礼吗？"孔子说："启发我的是商啊！现在可以同你讨论《诗经》了。"

点评

孔子和弟子子夏从对《诗经》中语句的讨论，引申到仁和礼的关系上。子夏领悟了礼的核心——仁，孔子表示了肯定和赞赏。仁和礼是孔子的思想精髓，仁是内在要求，礼是仁的外在表现。当时礼崩乐坏，很多人虽然还是行礼，但是已经没有了仁德。所以孔子认为子夏的认知很可贵。

原文

陈亢[gāng]问于伯鱼①曰："子亦有异闻乎？"对曰："未也。尝独立，鲤趋②而过庭。曰：'学《诗》乎？'对曰：'未也。''不学《诗》，无以言！'鲤退而学《诗》。他日，又独立，鲤趋而过庭。曰：'学《礼》乎？'对曰：'未也。''不学《礼》，无以立！'鲤退而学《礼》。闻斯二者。"陈亢退而喜曰："问一得三：闻《诗》，闻《礼》，又闻君子之远③其子也。"㊼㊽

——《季氏》

注释

①伯鱼：孔子的儿子孔鲤，字伯鱼。

②趋：小步快走，表示尊敬。

③远：疏远，这里指不偏爱。

译文

陈亢问伯鱼："你（从你父亲那里）听到过与众不同的教诲吗？"伯鱼答道："没有。（父亲）曾经一个人站在庭院里，我快步走过。他问我：'学《诗》了没有？'我回答说：'没有。'他说：'不学《诗》，就不会说话。'我回去便（开始）学《诗》。过了几天，他又一个人站在庭院里，我又快步走过。他问道：'学《礼》了没有？'我回答说：'没有。'他说：'不学《礼》，就没有立足社会的依据。'我就回去学《礼》。只听到这两件。"

陈亢回去非常高兴地说："我问了一件事，却知道了三件事：知道了

（学）《诗》（的意义），知道了（学）《礼》（的意义），又知道了君子不偏爱自己的儿子。"

 点评

　　从陈亢最后的欣喜态度可以看出，孔子教给学生的和教给儿子的内容是一样的，他对学生毫无保留，真正在实践中贯彻了有教无类的教育思想。另一方面，能看出孔子对《诗》和《礼》的重视，对儿子的教育也是从这里入手。这也是孔子一以贯之的思想，不学《诗》，无以言，不学《礼》，无以立。

11月
05日

原文

　　子张问："十世可知也①？" 子曰："殷因②于夏礼，所损③益④可知也；周因于殷礼，所损益可知也。其⑤或继周者，虽百世可知也。"

——《为政》

注释

①十世可知也：从下文孔子的答语来看，子张问的是今后十代的礼仪制度。也，同"耶"，表疑问。

②因：因循，沿袭。

③损：减少。

④益：增加。

⑤其：连词，如果、假使。

译文

　　子张问道："（今后）十代（的礼仪制度）可以（预先）知道吗？"孔子说："殷朝沿袭夏朝的礼仪制度，所废除的、所增加的是可以知道的；周朝沿袭殷朝的礼仪制度，所废除的、所增加的也是可以知道的。假定有继承周朝的人，即使是以后一百代，也是可以（预先）知道的。"

点评

　　这里讨论的是礼仪制度的传承问题。在孔子看来，通过观察历史，可以预知后世的情况。周朝的礼仪制度，即使是传百代，也是可以预先知道的。因为礼仪制度的核心，比如尊尊、亲亲、孝信、仁义等等，都是古今通义，是不会变的。或者说，变的是形式，不变的是礼的根本。回望历史，孔子的预测总体上是准确的。

原文

祭如在，祭神如神在。子曰："吾不与①[yù]祭，如不祭。"

——《八佾》

注释

①与：参与。

译文

祭祀祖先的时候，就好像祖先真的在那里；祭神的时候，就好像神真的在那里。孔子说："我不能参与的祭祀，还不如不祭祀。"

点评

在祭祀方面，孔子一直秉持着"事死如事生"的理念。对不在的人，要像他们在的时候一样侍奉，诚心是一样的。假如只在乎形式，敷衍了事，那还不如不祭祀。后人多诟病孔子，说孔子是繁文缛节的始作俑者，其实这是对孔子的误读。在孔子看来，诚于中而形于外，形式只是内心的表现，重要的是内心的虔诚。

原文

> 林放①问礼之本。子曰："大哉问！礼，与其奢也，宁俭；丧，与其易②也，宁戚③。"④
>
> ——《八佾》

注释

①林放：春秋时著名学者，鲁国人。

②易：周到，周全。

③戚：悲哀，哀痛。

译文

林放（向孔子）问礼的根本。孔子说："你的问题意义重大啊！就一般礼仪来说，与其铺张浪费，宁可节俭；就丧礼来说，与其仪文周到，宁可悲痛。"

点评

比起繁缛周到的礼仪形式，孔子更看重行礼人内心的真诚。也就是说，礼的根本是人的本心。一般的人只知道按照礼的仪式去做，并不明白礼的真正内涵，所以孔子觉得林放问了一个很关键的问题。当然，孔子没有否定礼仪形式的意义，只是更看重行礼人的态度。

原文

子曰："夏礼，吾能言之，杞①不足征②也；殷礼，吾能言之，宋③不足征也。文献④不足故也，足则吾能征之矣。"

——《八佾》

注释

①杞：国名，夏朝王室后裔所建立的封国，周武王时候的故城即今日河南的杞县，后屡经迁徙，公元前445年被楚所灭。

②征：证明，作证。

③宋：国名，殷商王室后裔所建立的封国，战国时为齐、魏、楚三国所共灭。

④文献：文，历史典籍；献，贤人。这是个古今异义词，现在只指历史文字资料。

译文

孔子说："夏朝的礼，我能说出来，杞国不足以（为我）作证；商朝的礼，我能说出来，宋国不足以（为我）作证。这是因为（这两个国家的）历史文字资料和贤人不够，如果有足够的文字资料和贤人，我就可以引来作证了。"

点评

孔子对夏朝和商朝的礼仪制度是比较熟悉的，但是由于没有足够的文献资料和贤人，所以也就没办法来证明他说的内容。这里有两层意思。第一层，不尊礼、僭礼的人越来越多，孔子希望他们能够恪守礼制，但孔子讲的礼没有历史资料和德高望重的贤人来作证，就没有人会信服，所以孔子比较无奈。第二层，是孔子治学的求实态度，谈论历史需要有证据，如果没有，也不妄言。

原文

子入太庙^①，每事问。或曰："孰谓鄹_[zōu]人之子^②知礼乎？入太庙，每事问。"子闻之，曰："是礼也。"

——《八佾》

注释

①太庙：古代开国之君叫太祖，祭祀太祖的庙就叫太庙。周公是鲁国最初受封的君主，所以鲁国的太庙就是周公庙。

②鄹人之子：鄹，地名，在现在山东曲阜。孔子的父亲叔梁纥曾经在鄹地做过大夫，古代经常把某地的大夫称为某人，因此鄹人指的是叔梁纥，而鄹人之子是指孔子。此处用"鄹人之子"来指称孔子，表现出一种不礼貌和轻视。

译文

孔子进入太庙，每件事都发问。有人说："谁说叔梁纥的儿子懂礼呢？他到了太庙，每件事都要问（都要向别人请教）。"孔子听到了这句话，就说："这正是礼。"

点评

孔子是一个谦逊好学的人，他勇于承认自己的无知，知之为知之，不知为不知。另外，他对祭祀这件事情非常谨慎恭敬，所以问得详细，以确保行为没有过失，这正是"知礼"的表现。那些不懂装懂和莽撞的人才是真正的不知礼。

原文

> 子曰："事①君尽礼，人以为谄也。"
>
> ——《八佾》

注释

①事：侍奉，对待。

译文

孔子说："侍奉君主，一切依照做臣子的礼节去做，别人却以为他在谄媚（君主）。"

点评

这里体现了孔子和世人在礼这个问题上的分歧。孔子本来是怀着恭敬之心侍奉君主的，但旁人却只看到了礼的形式和礼的繁琐、过分，而没有看到孔子内心的真诚、礼的正当性。这是孔子的一种无奈之语，他既感叹当时君臣之间失礼，又感叹行正当之礼的艰难。这句话也提示现代人，看到匪夷所思、不能理解的事情，不妨先停下来想一想，再做判断，否则很容易形成偏见。

11日

原文

子曰："居上不宽①，为礼不敬，临②丧不哀，吾何以观之哉？"

——《八佾》

注释

①宽：宽厚，宽宏。
②临：到，参加。

译文

孔子说："居于统治地位不宽宏大量，行礼的时候不恭敬，参加丧礼的时候不悲哀，（这种人）我用什么（眼光）来看待他呢？"

点评

孔子认为，居于上位、有权势的人，应该宽厚仁德，不能心胸狭隘，严苛残酷，否则只会涂炭生灵、离心离德。而在行礼和参加丧礼时，也应该心怀虔诚，有敬畏之心。这里仍然提到了礼的外在和内在的问题，孔子反复说这个问题，可见对这个问题极其重视。

原文

子语_[yù]①鲁大_[tài]师②乐，曰："乐其可知也：始作，翕③_[xī]如④也；从⑤_[zòng]之，纯⑥如也，皦⑦_[jiǎo]如也，绎⑧如也，以成。"

——《八佾》

注释

①语：告诉。

②大师：太师，官名，乐官之长。

③翕：盛，热烈。还有一种解释为"聚合"。

④如：……的样子。表示样子、状态。

⑤从：同"纵"，展开。

⑥纯：和谐。

⑦皦：分明，清晰。

⑧绎：连续不断。

译文

孔子把演奏音乐的道理告诉鲁国的太师，他说："音乐是可以理解的。开始演奏时，各种乐器合奏，声音热烈；（继续）展开下去，（音律）和谐，（主旋律）分明，连续不断，（余音袅袅，）最后完成。"

点评

孔子对音乐有着极高的造诣，他用简单的几个文字，把一段完整的音乐给描绘了出来。孔子认为，音乐和礼一样，具有教化人向善、向美的作用。根据《史记·孔子世家》记载，《诗经》305篇，孔子"皆弦歌之"，就是给这些诗歌全都配曲作乐。孔子在给弟子开设的课程"六艺"——礼、乐、射、御、书、数中，音乐排在第二位。可以说，他是道德上的圣人，也是艺术上的超然之人。

原文

> 子在齐闻《韶》，三月不知肉味。曰："不图①为乐之至于斯也！"
>
> ——《述而》

注释

①图：预料，料想到。

译文

孔子在齐国听到《韶》乐，很长时间尝不出肉味，（于是）说道："想不到欣赏音乐竟到了这种境界。"

点评

这一章是讲孔子欣赏音乐的状态的，可以说达到了如醉如痴的境界。《韶》乐相传是虞舜所作，其中展现了舜的德行，孔子赞赏《韶》，也是在赞誉上古时期政治的尽善尽美。他欣赏音乐到达的境界，也是一种尽善尽美。

原文

子曰:"师挚之始①,《关雎》之乱②,洋洋乎盈耳哉!"

——《泰伯》

注释

①师挚之始:"始"是乐曲的开端,一般由太师演奏。师挚是鲁国的太师,名挚,由他演奏,所以说"师挚之始"。

②《关雎》之乱:乐曲的结束叫"乱"。"乱"是合乐,就像今天的合唱。以《关雎》结尾,所以说"《关雎》之乱"。

译文

孔子说:"太师挚开始演奏,以《关雎》结尾,(我的)耳中充满了美妙的乐声。"

点评

《关雎》是《诗经》的开篇诗,但这里说的《关雎》应该指的是和诗相配的乐曲。从孔子的赞叹中,可以看出这次的演奏不但动听,而且还是积极向上、典雅优美的,也就是说,乐曲中蕴含着美和善。孔子欣赏音乐的能力和境界,和他的仁德是相得益彰的。

原文

> 颜渊问为邦，子曰："行夏之时①，乘殷之辂②，服周之冕③，乐则《韶》舞④。放郑声⑤，远佞人⑥。郑声淫，佞人殆⑦。"
>
> ——《卫灵公》

注释

①夏之时：夏朝的历法。据古史记载，夏朝的历法更符合自然现象，方便农业生产。

②殷之辂：辂，君王所乘坐的大车。商代的车子比周代的车子自然朴质。

③周之冕：冕，礼帽。周代的礼帽既华美又比以前的自然。

④舞，同"武"，周武王时的音乐。

⑤放郑声：放，禁绝，舍弃。郑声，郑国的乐曲。孔子认为郑国的乐曲是靡靡之音。

⑥佞人：小人。

⑦殆：危险。

译文

颜渊问怎样治理国家，孔子说："用夏朝的历法，乘坐商朝的车子，戴周朝的礼帽，音乐就用《韶》和周武王时期的音乐。舍弃郑国的乐曲，远离小人。郑国乐曲淫靡不正，小人危险。"

点评

对于颜渊的提问，孔子从国家治理者的角度作了回答。在农业生产和礼仪制度上，要吸取夏、商、周优秀的做法。谈到统治者所处的环境，孔子把音乐和近臣的影响放在了同等重要的地位，淫邪不正的音乐会败坏统治者的心志，小人会混淆视听，有败坏国家的风险。从以后的历朝历代来看，孔子的话具有相当重要的意义。

原文

王孙贾①问曰："'与其媚于奥，宁媚于灶'②，何谓也？"子曰："不然。获罪于天，无所祷也。"

——《八佾》

注释

①王孙贾：卫灵公时期卫国的大夫。
②与其媚于奥，宁媚于灶：奥，屋内西南角，据说有奥神。灶，做饭的地方，有灶神。媚，谄媚，巴结。这句话可能是当时的俗语，意思是"与其巴结奥神，不如巴结灶神"。

译文

王孙贾问孔子："'与其巴结奥神，不如巴结灶神'，这句话是什么意思呢？"孔子说："不是这样的。如果得罪了天，向谁祷告都没有用。"

点评

王孙贾给孔子出了一个选择题，是"媚于奥"还是"媚于灶"，但孔子拒绝做选择。无论向谁献媚，都是奴性的表现，是无法主宰自己命运的人对强权的卑躬屈从和逢迎。孔子觉得，君子应该坦荡荡，不愧于天，行得正，坐得端。

原文

> 子曰："礼云^①礼云，玉帛云^②乎哉？乐云乐云，钟鼓云乎哉？" [51]
>
> ——《阳货》

注释

①云：句末语气助词，没有实义。后面"乐云"的"云"同。

②云：说。后面的"钟鼓云"的"云"同。

译文

孔子说："礼啊礼啊，说的难道是玉帛等礼器吗？乐啊乐啊，说的难道是钟鼓等乐器吗？"

点评

玉帛是行礼的工具，钟鼓是作乐的工具，孔子在这里强调的是，礼和乐都不只是表面的形式，更重要的是内涵——仁德。孔子所说的礼乐的教化作用，实际上指的是仁德的教化作用。先王制礼作乐，后人演礼奏乐，目的不单纯是形式上好看，音乐动听，而是其中的道德政治可以使人民修睦，有耻有德。

原文

哀公问社①于宰我。宰我对曰："夏后氏以松，殷人以柏，周人以栗，曰：使民战栗。"子闻之，曰："成事不说，遂事不谏，既往不咎。"

——《八佾》

注释

①社：土地神。祭祀土地神的牌位叫社主。鲁哀公在这里问的是用什么木材做社主。

译文

鲁哀公向宰我询问用什么木材做社主。宰我回答说："夏代用松木，殷代用柏木，周代用栗木。（周代用栗木的）意思是使人民感到战栗。"孔子听到了宰我的话，说道："已经做了的事不要再解释了，已经完成的事不用再劝阻了，已经过去的事不用再追究了。"

点评

宰我认为周代用栗木做社主是为了让老百姓惧怕，孔子责备宰我对过去的事情评价太多，在孔子看来，木已成舟的事情，就不要再解释和追究了。其实，孔子这里是在为周朝正名。另外，也可以看到孔子对待过去的态度——既往不咎。过分讨论以前的错误，会让当下的人有意无意地效仿，这是孔子不提倡的。但也应该看到，总结过去的错误经验，有助于以后的改进。

原文

> 子曰："射不主皮①，为力不同科②，古之道也。"
>
> ——《八佾》

注释

①皮：代指箭靶子。古代箭靶子用布或皮做成，当中画着各种猛兽或别的东西。最中心的又叫作"正"或"鹄"。

②同科：科，等级。同科就是同等的意思。

译文

孔子说："（比赛）射箭，不一定要穿破箭靶子，因为每个人的力气大小不一样，这是古时候（比赛射箭）的规矩。"

点评

孔子说射箭不比力气，提倡的是一种相对意义上的公平。同时，射礼也是礼的一种，君子射箭是为了培养美好的品德，愉悦身心，如果在力气上较劲，就是本末倒置了。

原文

> 子曰："非其鬼①而祭之，谄②也。见义③不为，无勇也。"
>
> ——《为政》

注释

①鬼：有两种解释，一种是指死去的祖先，一种是泛指鬼神。

②谄：谄媚，讨好。

③义：孔子思想中的一个道德范畴，这里指应该做的事。

译文

孔子说："不是自己应该祭祀的鬼神，却去祭祀他，这是谄媚。见到应该挺身而出的事情却不去做，是没有勇气。"

点评

孔子在这里说到了做事的分寸问题。不是自己应当祭祀的鬼神却去祭祀，这是谄媚，是过分的举动。见到该去做的事情而不去做，这是缺乏勇气，是做得不够。过分与不够都是不对的。同时，孔子所说的见义勇为也不只是舍己救人这些英雄的行为，而是日常生活中符合道义的事情都应该去做。

原文

> 子曰:"能以礼让为国乎? 何有①? 不能以礼让为国,如礼何②? "

——《里仁》

注释

①何有:春秋时代的常用语,意思是"有什么困难"。

②如礼何:把礼怎么办? 意思是,虽然有礼的形式,但是却不用礼让来治理国家,这些礼也是没有用的。

译文

孔子说:"能够用礼让来治理国家吗? (如果用礼让治理国家,治理好国家又)有什么困难呢? 不能用礼让来治理国家,要这些礼有什么用呢? "

点评

孔子认为,用礼让来治理国家,把国家治理好就没什么困难。相反,一个国家如果只注重礼的形式,而没有把礼让落到实处,那就空有礼仪了。孔子很注重礼的内容,这是他再三重申的。可以看出,当时不遵守礼和不践行礼的现象越来越严重,孔子提出了自己的治国建议,也是在表达一种担忧。

原文

> 孔子谓季氏①："八佾[yì]②舞于庭，是可忍③也，孰不可忍也？"④
>
> ——《八佾》

注释

①季氏：季孙氏，鲁国大夫。

②八佾：古代舞蹈奏乐，八个人为一行，这一行叫一佾。八佾就是八行，六十四人，只有天子才能用。诸侯用六佾，卿和大夫用四佾，士用二佾。

③忍：忍心，狠心。

译文

孔子谈到季氏，说："他用六十四人在庭院中奏乐舞蹈，这都可以狠心做出来，（还有）什么事不能狠心做出来呢？"

点评

从鲁宣公起，鲁国王室日益衰弱，权力被孟氏、叔孙氏、季氏三大家族把持。季氏不断僭越礼制，做出一些破坏礼的行为。孔子对季氏藐视周天子，用八佾舞的做法进行了严肃的批评，言外之意，也在呼吁季氏这类僭礼的人能够受到惩罚。"是可忍，孰不可忍"后来变成一个成语，常被用来形容人的忍耐到了极限。

原文

> 子曰："加①我数年，五十以学《易》②，可以无大过矣。"
>
> ——《述而》

注释

①加：增加。

②《易》：《易经》，古代一部用来占筮（卜卦）的书，其中的卦辞和爻辞是孔子以前的年代就存在的内容。

译文

孔子说："增加我几年的寿命到五十岁，我去学习《易经》，便可以没有大过错了。"

点评

　　这句话应该是孔子在五十岁之前说的，他期盼自己能够多活些时间，可以在五十岁的时候开始研究《易经》。孔子晚年总结自己的人生时曾说过"五十而知天命"，他认为五十岁有了丰富的人生阅历和社会经验，以及对天命的认识，再来学习《易经》是不太会犯大过错的。孔子晚年研究《易经》，达到了"韦编三绝"的地步，可见他对《易经》的痴迷。

原文

> 子贡欲去告朔①之饩[xì]羊②。子曰："赐也！尔爱③其羊，我爱其礼。"
>
> ——《八佾》

注释

①告朔：朔，农历每月初一。周天子在每年冬十二月，向诸侯颁发第二年的历书，告知每个月的初一日。诸侯接受后，将历书放在祖庙里。到每月初一，在祖庙举行祭礼，要杀一只羊，然后回到朝廷听政。这就是"告朔"。

②饩羊：饩，古代祭祀用的活牲口。饩羊就是祭祀用的羊。

③爱：爱惜。

译文

子贡要把（鲁国）每月初一祭祀祖庙用的那只活羊（从祭品清单中）去掉（不用）。孔子说："赐啊，你爱惜那只羊，我爱惜的是礼。"

点评

春秋后期，礼崩乐坏，诸侯国不再严格遵守礼制。子贡在鲁国做丞相期间，想把告朔用的祭品活羊省掉，孔子对子贡进行了批评。他认为礼的形式一样很重要。孔子曾多次谴责那些在礼制上敷衍了事，只注重形式而不注重内容的行为，当礼的内容丧失掉后，孔子极力地想要保留住礼的形式，这是他为延续古礼所做的最后的努力。

原文

> 颜渊死，颜路①请子之车以为之椁[guǒ]②。子曰："才不才，亦各言其子也。鲤也死，有棺而无椁。吾不徒行③以为之椁。以吾从大夫之后，不可徒行也。"
>
> ——《先进》

注释

①颜路：颜渊（即颜回）的父亲，也是孔子的学生。

②椁：外棺。古代身份高的人，棺木至少用两重，里面的一重叫棺，外面的一重叫椁。

③徒行：步行。

译文

颜渊死了，他的父亲颜路请求孔子卖掉自己的车子来为颜渊置办椁。孔子说："无论是有才能还是没才能，但总归都是自己的儿子。（我的儿子）孔鲤死了，也只有棺，没有椁。我不能（卖掉车子）步行来给颜渊置办椁。因为我曾经做过大夫，是不可以徒步出行的。"

点评

孔子拒绝卖掉自己的车子给颜回置办椁，其实是在维护礼，也是在保全颜回的名节。颜回家里贫穷，是不适合厚葬的，这也是礼制的要求。另一方面，如果把老师的车子都卖了去厚葬颜回，那不是显得颜回不够尊师重道吗？孔子也不想让颜回死后的名声受损。可以看到，孔子在礼和情之间作了恰当的决定，既没有违礼，也没有不义，他对颜回是大爱。

原文

> 子谓伯鱼曰："女[rǔ]为《周南》《召南》①矣乎？人而不为《周南》《召南》，其犹正墙面而立②也与！"
>
> ——《阳货》

注释

①《周南》《召南》：《诗经·国风》前两篇的篇名。

②正墙面而立：面对墙壁站立。

译文

孔子对伯鱼说："你研习《周南》《召南》了吗？人如果不研习《周南》《召南》，就会像面对着墙壁站立一样！"

点评

《周南》《召南》在《诗经》中有着特殊的地位，有些学者把它们称作"王化之始"，因为《周南》《召南》中的诗歌所赞美和讨论的是夫妇之道，是齐家的方法。儒家讲究修身、齐家、治国、平天下，个人德行修睦，然后推行到夫妇，继而从小家到大家，一个国家才能长治久安，才能实现"王化"。从孔子对伯鱼的叮嘱，可以又一次看到孔子对《诗经》德行教化作用的重视。

原文

> 子曰："先进于礼乐，野人①也；后进于礼乐，君子②也。如用之，则吾从先进。"
>
> ——《先进》

注释

①野人：乡野平民或朴鲁粗野的人。
②君子：指卿大夫等当权的贵族。他们享有世袭特权，可以先做官，后学习。

译文

孔子说："先学习礼乐（而后做官）的人，是乡野平民；（先有了官职）后学习礼乐的人，是卿大夫的子弟。如果要选用人才，那我选用先学习礼乐的人。"

点评

西周时期，不同的生活环境和地位，使当时的人们有了阶级的差别，贵族和平民地位悬殊。在当时，人们走向仕途的道路有两种，一种是凭借自己的学习和修养获得，一种是世袭。前一种人一般是平民，后一种是世族公卿。孔子主张"学而优则仕"，靠学习礼走向仕途的乡野之人，他们先掌握了礼，能够更好地按照礼的规范去治理一方。从这里也可以看出，当时统治阶层礼崩乐坏的现象很普遍。

11月
28日

原文

> 子曰："兴①于《诗》，立于礼，成于乐。"
>
> ——《泰伯》

注释

①兴：开始。

译文

孔子说："（一个人的人生）开始于《诗经》，靠礼仪来立身（于社会），在音乐当中完善。"

点评

孔子在这里综合讲了《诗》、礼、乐在一个人的学习和成长中所起的作用。《诗》可以把一个人的情感协调得健康、正向，礼能使人行为规范，在社会中进退有度，音乐可以怡养性情，完善人的生命。需要注意的是，这里的乐不是指现在的流行音乐，而是上古时期和郑卫之乐相反的雅正的音乐。

原文

子曰："麻冕①，礼也；今也纯②，俭③，吾从众。拜下④，礼也；今拜乎上⑤，泰⑥也。虽违众，吾从下。"

——《子罕》

注释

①麻冕：用麻布做成的礼帽。

②纯：黑色的丝。

③俭：用麻做礼帽，按照规定，要用二千四百缕经线。麻质较粗，必须织得非常细密，很费工。丝线比较细，容易织成，相对来说比较省工。

④拜下：指臣子对君主的行礼，先在堂下磕头，然后升堂再磕头。

⑤拜乎上：就是拜于上，只在堂上拜，省略了堂下拜。

⑥泰：骄纵，傲慢。

译文

孔子说："用麻料做礼帽，这是符合礼的；现在（大家都用）丝，这样省俭些，我赞成大家的做法。（臣见君，）先在堂下磕头，然后升堂又磕头，这是符合礼的；现在（大家都）只在堂上磕头，这是傲慢的表现。虽然违反了大家的做法，我还是主张先在堂下磕头。"

点评

孔子并不是一味地维护传统的礼，而是对礼的变革持有一种开明的态度。那些纯粹的形式，他认为可以简省，但对于那些关系到礼的内涵的形式，坚决不退让。礼讲究的是发自内心的真诚和恭敬，臣子拜见君主的时候，每一个步骤所行的礼，都是在保持内心对君主的恭敬。有意省去一些礼节，是傲慢的表现。从这里可以看出孔子是很维护君臣之礼的。

原文

子曰："吾自卫反鲁①，然后乐正②，《雅》《颂》各得其所。"

——《子罕》

注释

①自卫反鲁：从卫国返回鲁国。鲁哀公十一年（公元前484年）冬，孔子周游列国十四年结束，回到鲁国，回鲁国之前他在卫国。反，同"返"。
②乐正：调整乐曲的篇章。有的解释为整理乐曲的音律。

译文

孔子说："我从卫国回到鲁国，乐才得到整理，《雅》和《颂》各自有了适当的位置。"

点评

孔子周游列国十四年，在人生的最后几年，回到鲁国，专心于教育和整理典籍文献，对上古文脉的保留和延续起了很大的作用。这是他除了传播自己的思想，教育众多弟子贤人之外，另一个非常大的贡献。他曾谦虚地说自己是"述而不作"的人，就是只记述前人的智慧成果，自己不创作新的言论。其实，孔子是"述而又作"，他不仅保留了上古传统文化的思想精髓，同时还提出了很多新奇精妙的观点，并开创了儒家思想一脉。

精 选 真 题

㉛ 2022 年浙江省高考

阅读下面的材料，完成下面小题。（6分）

> 子曰："礼云礼云，玉帛云乎哉？乐云乐云，钟鼓云乎哉？"
>
> （《论语·阳货》）
>
> 子曰："人而不仁，如礼何？人而不仁，如乐何？"
>
> （《论语·八佾》）
>
> 子与人歌而善^①，必使反之^②，而后和之。
>
> （《论语·述而》）

【注】①善：唱得好。②反之：再唱一遍。

（1）概括说明第一则材料、第二则材料内涵的共性。（2分）

（2）在《论语》的记载中，孔子爱好音乐，音乐修养很高，如第三则材料。另举一个有关孔子与音乐的例子。（1分）

（3）对第三则材料中孔子的做法进行多方面解读。（3分）

㉜ 2021 年北京市高一上学期期末

阅读下面《论语》中的文字，回答问题。

> 子曰："人而不仁，如礼何？人而不仁，如乐何？"
>
> （《论语·八佾》）
>
> 子曰："君子博学于文，约之以礼，亦可以弗畔矣夫！"
>
> （《论语·雍也》）

子曰："能以礼让为国乎？何有？不能以礼让为国，如礼何？"

（《论语·里仁》）

颜渊问仁。子曰："克己复礼为仁。一日克己复礼，天下归仁焉。为仁由己，而由人乎哉？"颜渊曰："请问其目。"子曰："非礼勿视，非礼勿听，非礼勿言，非礼勿动。"颜渊曰："回虽不敏，请事斯语矣。"

（《论语·颜渊》）

子曰："听讼，吾犹人也。必也使无讼乎！"

（《论语·颜渊》）

（1）综合以上材料，简述孔子所说的"礼"的内涵。

（2）费孝通在《乡土中国》一书中写道，"一个负责地方秩序的父母官，维持礼治秩序的理想手段是教化，而不是折狱。"请结合最后两则材料，谈谈你的理解。

🔢 2021 年北京市丰台区高考一模

阅读下面《论语》中的文字，回答问题。（6分）

子曰："《诗》三百，一言以蔽之，曰：'思无邪'。"

（《论语·为政》）

子曰："诵《诗》三百，授之以政，不达；使于四方，不能专对；虽多，亦奚以为？"

（《论语·子路》）

尝独立，鲤趋而过庭。曰："学《诗》乎？"对曰："未也。""不学《诗》，无以言。"鲤退而学《诗》。

（《论语·季氏》）

（1）请解释"一言以蔽之"与"鲤趋而过庭"。（2分）

（2）综合以上材料，简述孔子重视学习《诗经》的理由。（4分）

54 **2020 年北京市大兴区初中期末**

学生会社团部策划了"学生大讲堂"活动。请你阅读主讲同学的发言稿节选，完成问题。（3 分）

　　孔子十分重视礼，推崇礼。孔子说："不能以礼让为国，如礼何？""上好礼，则民莫敢不敬。"对于民众个体说，礼也十分重要。孔子教育儿子孔鲤"不学《礼》，无以立"，还教育自己最得意的弟子颜渊："非礼勿视，非礼勿听，非礼勿言，非礼勿动。"孔子本人对礼仪是身体力行的。《论语·乡党》不惜纸墨着力刻画了孔子在交谈、坐卧、站立、行走、乘车、寝食、服饰、出使外国、接待贵宾、与友交往、馈赠礼品等方面遵循礼仪、执行礼仪的"尚礼"形象。我们从这篇记载中感受到孔子确实是彬彬有礼、气质不凡的仁人君子。由此可见，<u>孔子认为礼于人、于己都非常重要</u>。

（1）主讲同学对文段中两个加点字的读音拿不准，你认为读音全都正确的一项是_____。

A. 好（hǎo）　　载（zǎi）

B. 好（hǎo）　　载（zài）

C. 好（hào）　　载（zǎi）

D. 好（hào）　　载（zài）

（2）画线句作为段落的总结句，表达欠妥，请你帮助修改。

55 **2020 年高考模拟全国高考名校交流历史联考**

孔子曾说："天下有道，则政不在大夫。天下有道，则庶人不议。"又说："八佾舞于庭，是可忍也，孰不可忍也。"这说明孔子主张（　　　）。

A. 通过分封制加强中央管理

B. 实行仁政以巩固上君权

C. 用礼乐制度维护等级秩序

D. 为政以德以保障国计民生

德在日常

十二月

01 日

导语

　　十二月的主题是"德在日常"。德是一个比较笼统的概念，它不仅是社会关系中人们的行为准则，还是宇宙自然的运转属性，具体包括仁德、德行、道德等等。对于个人来讲，它是内心和行为的一体两面。《论语》记述了孔子和弟子很多关于德的言论，他们的讨论丰富而精深，从中可以窥见德的全貌。不过，在孔子看来，德中有至德，而中庸就是至德。当然，德不是高高在上的，它存在于每一个日常的细节。《论语》也对孔子的衣食住行、起止坐卧进行了切片式的记录。孔子早已把德内化在了自己心中，所以，在碎片化的日常生活中，无论是待人接物，还是个人的饮食作息，甚或是独坐时的反思，生发的感慨，都有德的内涵在。

　　《论语》从"圣人孔子"走到了"诗文礼乐"，最后回归到"德在日常"，一起走进十二月吧。

12月

02 日

原文

颜渊、季路侍①。子曰："盍②[hé]各言尔志？" 子路曰："愿车马衣轻裘与朋友共，敝之而无憾。" 颜渊曰："愿无伐③善，无施劳④。" 子路曰："愿闻子之志。" 子曰："老者安之，朋友信之，少者怀之。" ⑱⑲

——《公冶长》

注释

①侍：地位低的人在地位高的人身旁叫侍。这里是在旁边陪着的意思。

②盍："何不"的合音字，为什么不。

③伐：夸耀。

④施劳：有两种解释，第一种是夸耀自己的功劳，第二种是把劳苦的事加给别人。

译文

颜渊、子路站立在孔子旁边陪着，孔子说："为什么不各自说说你们的志向？" 子路说："我愿意把我的车马衣服（拿出来）和朋友一起使用，（即使）坏了也不抱怨。" 颜渊说："我愿意不夸耀自己的好处，不宣扬自己的功劳。" 子路（对孔子）说："希望能听听您的志向。" 孔子说："（我的志向是）使老者安逸，使朋友信任我，使年青人怀念我。"

点评

子路心直口快，天性良善，原意和别人分享。颜渊依然志在修身，希望自己做一个谦虚的君子。孔子的志向更宏大一些，他的愿望是大同社会。如果说子路的志向是朋友之义，颜渊的志向是有德者的谦虚，那么孔子的志向就是圣人之仁。

原文

> 子绝四——毋[wú]意①、毋必②、毋固③、毋我④。
>
> ——《子罕》

注释

①意：同"臆"，臆断，猜测。

②必：绝对。

③固：固执。

④我：自以为是。

译文

孔子杜绝了四种毛病——不凭空臆测，不武断绝对，不拘泥固执，不自以为是。

点评

意、必、固、我是一般人都会犯的毛病，也可以说是人性的弱点。孔子修身成仁，用圣人的标准要求自己，减少以至于杜绝了这四种缺点。他给人们树立了一个自我完善的榜样。其中最难做到的是毋我。《论语》里说到的谦谦君子，就是一个不自以为是的人，因为他谦虚，他有仁德。

原文

> 子曰:"中庸①之为德也,其至矣乎!民鲜②[xiǎn]久矣。"
>
> ——《雍也》

注释

①中庸:孔子学说的一种最高道德标准。
②鲜:少。

译文

　　孔子说:"中庸这种道德,该是最高的了,但是人们已经长久地缺乏它了。"

点评

　　中就是不偏不倚,恰到好处。庸可以理解成平常。中庸就是一种恰到好处的平常之道。在孔子看来,中庸是最高的道德标准。这看似平常的道理,做起来还真的不容易,那个恰到好处的分寸很难把握。为什么呢?因为人总会有私心,有欲望,还有脾气。所以孔子感叹,人们已经长久地缺乏它了。

12月

05日

或^①曰："以德报怨，何如？"子曰："何以报德？以直^②报怨，以德报德。"❺

——《宪问》

注释

①或：有人。

②直：正直。

译文

有人（对孔子）说："用恩德来回报怨恨，怎么样？"孔子说："用什么来回报恩德呢？用正直来回报怨恨，用恩德来回报恩德。"

点评

用正直来回报怨恨，既做到了君子的风度，又没有过度地回报，可以说是恰如其分的。然后，对待恩德，就用恩德去回报，也让那些对别人有恩德的人受到公平对待，心里不会不舒服。这样的话，一切都在合适的位置上，向着好的方向发展。

原文

> 子曰："乡愿①，德之贼②也。"⑤
>
> ——《阳货》

注释

①乡愿：被乡里人公认为忠厚的人。这种人貌似忠厚，其实伪善。

②贼：毁坏，破坏。

译文

孔子说："那些被乡里公认为忠厚的好好先生，是道德的败坏者。"

点评

乡愿类似于人们说的好好先生，他们谁也不得罪，是大家口中公认的很忠厚的人。其实，他们是非不分，是和稀泥的好手，是最没有原则的人。道德的准则在他们面前不值一提，社会风气都被他们搞坏了。所以孔子骂他们是道德的败坏者。乡愿之人人人唾弃，一个人要爱憎分明，心中要有道德的标尺，按照道德的准则去行事。

原文

孺悲①欲见孔子，孔子辞以疾②。将[jiāng]命者③出户，取瑟而歌，使之闻之。

——《阳货》

注释

①孺悲：鲁国人，鲁哀公曾派他向孔子学习士丧礼。

②辞以疾：用疾病的借口来推托、拒绝。

③将命者：传话的人。将，传达，表达。

译文

孺悲想要见孔子，孔子用生病的理由拒绝了。传话的人刚出门，（孔子就）取下瑟来弹唱，（故意）让孺悲听见。

点评

孔子不见孺悲，而且让孺悲知道自己是故意的，这就是在用行动教导孺悲，出来见人要知礼，要遵礼。有人评价孔子这是"不见如见，不教而教"，虽然没有见面，但起到了见面的效果，因为学到东西了，虽然没有正式教孺悲，但孔子的做法，又何尝不是另一种形式的教导呢？

原文

子曰："予欲无言。"子贡曰："子如不言，则小子①何述②焉？"子曰："天何言哉？四时行焉，百物生焉，天何言哉？"

——《阳货》

注释

①小子：后学弟子们的谦称。

②述：传述，述说。

译文

孔子说："我想不说话了。"子贡说："您如果不说话，那么我们传述什么呢？"孔子说："天说了什么呢？四季照样运行，百物照样生长，天说了什么呢？"

点评

作为圣人，孔子在这里表露的思想，和道家"道法自然"的思想很接近。天地之间的一切都是那么顺其自然，那么完美，但天从来都不说什么。子贡是孔门言语科的佼佼者，很擅长表达。孔子这是在提示子贡，智慧并不一定全部都在语言里，很多时候，语言之外的行动藏着更多的智慧。

原文

子张学干[gàn]禄①。子曰："多闻阙[quē]疑②，慎言其余，则寡尤③；多见阙殆④，慎行其余，则寡悔。言寡尤，行寡悔，禄在其中矣。"

——《为政》

注释

①干禄：干，求。禄，古代官吏的俸给、薪水。干禄就是谋求官职俸禄。
②阙疑：阙，同"缺"，阙疑的意思是把疑问保留着，不下判断。
③寡尤：寡，少。尤，错误、过失。
④殆：和"疑"是同义词，表示疑惑、疑问。

译文

子张向孔子学习求得官职俸禄的方法。孔子说："多听，有疑问的地方就保留，谨慎地说出那些自己真正懂得的，就能少犯错误；多看，有疑问的地方就保留，谨慎地实行那些自己真正懂得的，就能减少事后的懊悔。言语上少犯错误，行动上少懊悔，官职俸禄自然就有了。"

点评

孔子不止一次说过言与行的问题，在这里，他又特意嘱咐子张，如果想做官，而且是长久地做下去，那就要多闻慎言、多见慎行。子张在孔子的弟子中排名很靠前，成就也很大，但他的性情有点偏激，孔子曾经说过，"师也过"，子张的性格有些过于张扬。所以，孔子因材施教，告诉子张一定要慎言慎行。

原文

子曰："古者言之不出，耻①躬之不逮[dài]②也。"④

——《里仁》

注释

①耻：意动用法，以……为耻，为……感到可耻。

②躬之不逮：躬，身体。逮，及、赶上。身体跟不上，也就是说到做不到。

译文

孔子说："古人的言论不轻易（说）出口，（他们）以说到做不到为可耻。"

点评

自古以来，言出必行，言行合一，都是对君子的基本要求，正所谓"君子一言，驷马难追"。孔子没有直接说要言行合一，而是举了古人的例子。古人怎么做的呢？古人不轻易许诺，不随便夸海口，他们对待自己说出去的话很谨慎，确保自己说到能够做到。

原文

子曰："可与言而不与之言，失人；不可与言而与之言，失言。知①者不失人，亦不失言。"

——《卫灵公》

注释

①知：同"智"，明智，聪明。

译文

孔子说："可以和他言谈而没有和他谈，这是错失人才；不可以和他言谈，却和他谈，这是浪费言语。明智的人不错失人才，也不浪费言语。"

点评

这一章讲的是面对不同的对象，要不要说，该怎么说的问题。无论是失人还是失言，日常生活中都很常见，但是有一种人，既可以做到不失人，也可以做到不失言，那就是智者。他有着很高的德行修养，在为人处事上觉悟也很高，懂得进退的分寸，说话做事都恰到好处。

原文

子贡方^①[bàng]人。子曰："赐也贤乎哉？夫我则不暇^②。"

——《宪问》

注释

①方：同"谤"，讥评、指责别人的过失。

②暇：闲暇，空闲。

译文

　　子贡讥评别人。孔子（对他）说："你就够好了吗？我就没有这闲工夫（去指责别人）。"

点评

　　一个人修养德行最好的方法，就是"反求诸己"，向自身寻找原因，而不是把眼睛经常放在别人身上，盯着别人的过错不放。所谓修身，修的是自己的德行。所以，孔子听到子贡去指责批评别人，很是生气，非常直接地斥责了子贡。

13日

原文

> 子见南子①，子路不说[yuè]。夫子矢②[shì]之曰："予所③否者，天厌之！天厌之！"
>
> ——《雍也》

注释

①南子：卫灵公的夫人，把持着当时卫国的朝政，行为不端，名声不好。
②矢：同"誓"，发誓。
③所：如果，假如。用于誓词中。

译文

孔子和南子相见，子路不高兴。孔子发誓说："假如我做了什么不对（不合礼法）的事，让天厌弃我吧！让天厌弃我吧！"

点评

当时卫国的情况比较特殊，南子把持着朝政，孔子如果想在卫国实行自己的治国之道，就绕不过南子。孔子不惜冒着有损声誉的危险去见南子，实在也是有点让人同情。他拜访了那么多诸侯国，假如有人愿意采取他的治国之策，他还至于去做自己不情愿做的事情吗？从这能看到孔子的窘迫，更能感受到孔子孜孜以求的决心。"知其不可而为之"，在世道艰难的时候，仍然凭着一腔信念，去践行心中的道。

原文

陈司败①问："昭公知礼乎？"孔子曰："知礼。"孔子退，揖②巫马期③而进之，曰："吾闻君子不党④，君子亦党乎？君取⑤于吴，为同姓，谓之吴孟子⑥。君而知礼，孰不知礼？"巫马期以告。子曰："丘也幸，苟有过，人必知⑦之。"

——《述而》

注释

①陈司败：人名。也有说司败是官职名，也就是司寇，主管司法的官。

②揖：作揖，这里是向……作揖的意思。

③巫马期：孔子弟子，姓巫马，名施，字子期。"七十二贤人"之一，以勤奋著称。

④党：偏私，偏袒。

⑤取：同"娶"。

⑥吴孟子：鲁昭公夫人。春秋时期，国君夫人的称号一般是成长国的名加她的本姓，吴孟子本姓姬，应该叫吴姬，但当时同姓不婚，鲁昭公也是姬姓，所以改称吴姬为吴孟子。

⑦知：使动用法，使……知道。

译文

陈司败问（孔子）："鲁昭公懂礼吗？"孔子说："懂礼。"孔子走了出来，（陈司败）向巫马期作了个揖，请他走近自己，说："我听说君子无所偏袒，难道君子也会偏袒吗？鲁君从吴国娶了位夫人，是鲁君的同姓，于是称她为吴孟子。鲁君如果算得上是懂礼，还有谁不懂礼呢？"巫马期把陈司败的话告诉了孔子。孔子说："我孔丘真幸运，如果我有过错，别人一定会让我知道。"

春秋时期，按照礼法，同姓是不能结婚的，鲁昭公的做法不合礼。对于鲁昭公不合礼的行为，孔子不是不知道，他只是不说而已，这叫"为尊者讳"。孔子把错误都归到自己身上，表明他是一个很坦荡的人，也是一个很知礼的人，他是在用这种方式维护鲁昭公的颜面，维护尊君这种礼。

15 日

原文

> 子曰："人之过也，各于其党①。观过，斯知仁②矣。"⑤7
>
> ——《里仁》

注释

①党：由私人利害关系结成的小集团，这里引申为类别。

②仁：同"人"。

译文

孔子说："哪一类的过错，就是由哪一类人犯的。观察一个人所犯的错误，就可以知道他是什么样的人了。"

点评

孔子讲述了一种识人的方法。人们所犯的错误，是可以归类的，犯什么样的错误，就可以归类为什么样的人。所以，观察一个人所犯的错误，就可以知道他是什么样的人。同样，也可以通过观察自己的错误，更加清晰地认识自己，然后完善自己。

原文

> 子曰："放^①[fǎng]于利而行，多怨。"
>
> ——《里仁》

注释

①放：依据，根据。

译文

孔子说："依据个人的利益而行事，会招致很多怨恨。"

点评

社会的总体资源是有限的，权利和义务是相对的，一个人如果只想着自己得到好处，一切都以自己为优先，那别人应该享受的资源就会减少，利益就受到了损害，被损害了利益的人自然会心生怨恨。而且，过分地追逐利，会使人忘掉应该遵守的道德，很容易见利忘义，最后损人也不利己。

原文

> 子曰:"笃信①好学,守死善道。危邦②不入,乱邦③不居。天下有道则见④[xiàn],无道则隐。邦有道,贫且贱焉,耻也。邦无道,富且贵焉,耻也。"
>
> ——《泰伯》

注释

①笃信:坚定地相信。

②危邦:危险的国家。

③乱邦:动乱的国家。

④见:同"现",出现,这里指出仕做官。

译文

孔子说:"坚定地相信我们的道,努力学习它,誓死守卫保全它。不进入危险的国家,不居住在动乱的国家。天下太平,政治清明,就出来做官;天下不太平,政治不清明,就隐居。国家政治清明,而自己贫穷卑贱,是耻辱。国家政治黑暗,而自己富有显贵,也是耻辱。"

点评

什么是孔子所说的道?简单说来,就是道德操守。具体地说,是仁爱的仁,是宽恕的恕,是德行的德,是修身齐家治国平天下,是成贤成圣的路径和标准。总的看来,这一章是对儒家士人的整体要求,笃信道,誓死守卫道,践行道,懂得保全自己,与国家共进退。其中的"有道则见,无道则隐"几乎成了古代所有仁人志士立身处世的指导原则,孔子的影响可以说是入骨入髓,深刻久远。

原文

> 子曰："默而识①[zhì]之，学而不厌②，诲人不倦③，何有④于我哉？"
>
> ——《述而》

注释

①识：同"志"，记住。

②厌：满足。

③倦：感到疲倦。

④何有：有何，有什么。

译文

孔子说："把所见所闻默默地记在心里，学习而不感到满足，教导别人不感到厌倦，这些事情我做到了哪些呢？"

点评

孔子这里讲了学习和教学的三种态度，"默而识之"体现了专心、严肃、认真，"学而不厌"是一种求学若渴的状态，"诲人不倦"是教学者孜孜不倦的精神。孔子"何有于我哉"的反问，体现了圣人的谦虚自省。

原文

> 子曰："岁寒，然后知松柏之后凋①也。"
>
> ——《子罕》

注释

①凋：凋谢，凋零。

译文

孔子说："寒冷的季节到了，才知道松柏是最后凋零的。"

点评

孔子称赞松柏耐寒的秉性，但是，他只是在说松柏吗？松柏本没有主观上的情感，耐寒只是它的自然属性。其实，孔子这是在借赞美松柏，来肯定一种坚毅的品格，一种能够经得起千磨万击、千锤百炼，能够经受艰难考验的"松柏之志"。

原文

子在川上曰："逝者如斯夫！不舍①昼夜。"⑩

——《子罕》

注释

①舍：放弃，舍弃。

译文

孔子站在河边，说："消逝的时光像河水一样啊！日夜不停地流去。"

点评

这是孔子发的一番感叹。他望着悠悠东流的河水，顿时生起了时光一去不复返的感慨。这种感慨，在诗意的外表下，透露的是浓厚的哲学意味。作为生命个体的人，在时间面前是如此渺小。不过，儒家向来是主张积极入世的，鼓励勇敢地去践行自己的人生信条，所以，既然生命如此短暂，那就要分秒必争，珍惜每一寸光阴，勤勉上进，朝着自己的志向不断奋发。

"唐棣[dì]之华[huā]①，偏其反[fān]而②。岂不尔思？室是远而③。"子曰："未之思也，夫何远之有？"

——《子罕》

注释

①唐棣之华：唐棣，一种植物。华，花。

②偏其反而：偏，同"翩"；反，同"翻"。都是形容花随风摇动的样子。

③岂不尔思？室是远而：岂，难道，怎么。尔，你。室，居室、住处。不是不想念你，只是住得太远了。

译文

（有几句这样的诗：）"唐棣树的花，翩翩地摇摆。我怎么不想念你呢？只是住得太远了啊。"孔子说："他是没有想念，（如果真的想念，）还有什么遥远的呢？"

点评

前四句是逸诗，没有被收录在《诗经》中。孔子借对这四句诗的点评，表明心诚的重要性。无论是仁德，还是礼乐，还是其他一切美好的东西，都不是不可获得的，只要诚心正意，就能实现它们，也就是所谓的"道不远人"。

原文

色①斯举②矣，翔③而后集④。曰："山梁雌雉，时哉时哉！"子路共⑤[gǒng]之，三嗅⑥[jú]而作。

——《乡党》

注释

①色：脸色，神情。

②举：起飞。

③翔：盘旋地飞而不扇动翅膀。

④集：群鸟栖止于树上，这里是止的意思。

⑤共：同"拱"，拱手。

⑥嗅：同"狊"，鸟张开翅膀。

译文

（孔子在山谷中行走，看见几只野鸡。）孔子的神色一动，野鸡就飞起来了，在空中盘旋了一会儿后，又停在了一处。孔子说："这些山梁上的母野鸡，得其时啊，得其时啊！"子路向这些野鸡拱了拱手，野鸡振了几下翅膀就飞走了。

点评

孔子看到野鸡这样自在又灵活地飞翔和栖息，不禁感叹它们得其时，其实他是在感叹自己不得时。他一生东奔西走，宣扬自己的治国理政之道，想让天下复归周礼，却得不到响应。还有人认为，孔子说的"时哉时哉"，是在称赞这些野鸡会察言观色，懂得进退的时机和分寸。孔子因此联想到人，认为人也应该像这些野鸡一样知进退。

413

23日

原文

> 子曰："吾有知乎哉？无知也。有鄙夫①问于我，空空如也。我叩其两端②而竭③焉。"
>
> ——《子罕》

注释

①鄙夫：鄙，郊野，郊外。鄙夫就是乡下人。

②叩其两端：叩，叩问。两端，指鄙夫所问的问题的首尾。

③竭：尽。

译文

孔子说："我有知识吗？是没有的。有一个乡下人来问我，我对他的问题本来一点儿也不知道。我从他那个问题的首尾两头去盘问，（才弄清楚问题的答案，）然后尽了我的力量来帮助他。"

点评

孔子说自己无知，这也许不是谦虚，而是在如实地描述自己的状态。作为圣人的孔子，达到了一种空空如也的境界。这种境界就像老子所说的道，是智者才有的体验。大道至简，浑然天成。好像什么都不知道，其实什么都知道。另外，孔子提供了一种解决疑难问题的方法，从问题的两头去问，一点一点，抽丝剥茧，最终得到问题的答案。

12月
24日

子谓颜渊曰："用之则行，舍之则藏，惟我与尔有是夫①！" 子路曰："子行三军，则谁与②？" 子曰："暴虎冯[píng]河③，死而无悔者，吾不与也。必也临事而惧，好[hào]谋而成者也。"

——《述而》

注释

①夫：句末语气词。

②与：同 …… 一起，共事。

③暴虎冯河：暴虎，赤手空拳和老虎搏斗。冯河，徒步蹚水过河。

译文

孔子对颜回说："用我的时候，我就去积极行动；不用我的时候，我就隐藏起来，只有我和你才能做到这样吧！" 子路说："如果您率领三军，您会和谁共事呢？" 孔子说："赤手空拳和老虎搏斗，徒步蹚水过河，这样死了都不后悔的人，我是不会和他共事的。（我所要共事的人，）一定是遇到事情谨慎小心，善于谋略而能完成任务的人。"

点评

在这一章，孔子讲了"用之则行，舍之则藏"的处世法则，换句话说，就是审时度势，这个法则放到今天依然适用。另外，要做一个有勇有谋的人，凡事三思，谋定而后动，谋划好了再去行动，这样不但不会让自己陷入危险的境地，还能够事半功倍。

415

原文

> 子曰:"晏平仲①善与人交,久而敬之。" ⑧
>
> ——《公冶长》

注释

①晏平仲:晏子,名婴,字仲,谥号平,齐国大夫。

译文

孔子说:"晏平仲善于和别人交朋友,相交越久,别人对他就越恭敬。"

点评

这一章是孔子称赞齐国大夫晏子的。孔子曾经对晏子产生过误解,但最终还是很敬重他。晏子一生辅佐了齐灵公、齐庄公、齐景公三位国君,不仅擅于外交,而且在治理内政上也有大才,更值得称道的是他的个人品格。晏子德行高尚,对他了解得越多,越会对他心生钦佩。

原文

子张问善人之道。子曰："不践迹①，亦不入于室②。"

——《先进》

注释

①践迹：踩着别人的脚印走。践，踩、踏，这里是依循的意思。

②入于室：比喻学问、修养达到了精深的地步。

译文

子张问怎样才是善人。孔子说："善人不踩着别人的脚印走，但学问和道德也到不了家。"

点评

孔子的回答直达根本，点出了诚心正意的重要性，成为善人的前提是本心良善。但同时要向圣哲先贤学习，在行动中不断提高自己的学问和德行，这样才是比较完备的善人之道。

原文

> 子之燕居①，申申②如③也，夭夭④如也。
>
> ——《述而》

注释

①燕居：安居，闲居。

②申申：舒展齐整。

③如：相当于"然"，……的样子。

④夭夭：和舒之貌。

译文

孔子闲居在家的时候，穿戴很整齐，神态和乐而舒展。

点评

孔子闲居时依然没有放纵和懈怠，而是保持着端庄的仪态，这种端庄是从内在自然而然散发出来的，所以并不觉得拘谨。孔子一直以中庸的标准要求自己，久而久之，就达到了一种行止坐卧都恰如其分的状态。

原文

子见齐[zī]衰[cuī]①者、冕衣裳[cháng]者②与瞽[gǔ]者③，见之，虽少[shào]，必作④；过之，必趋。⑧

——《子罕》

注释

①齐衰：古代用熟麻布做的丧服，下边缝齐。

②冕衣裳者：冕，礼帽。衣，上衣。裳，下裙。衣冠整齐的贵族。

③瞽者：盲人。

④作：起。

译文

孔子看到穿丧服的人、穿戴着礼服礼帽的人和盲人，相见的时候，哪怕他们很年轻，孔子也一定站起来；经过他们身边时，孔子一定会快步走过。

点评

诚于中而形于外，内心诚敬，行为才会诚敬。孔子看到这三种人，由于内心的仁慈和恭敬，自然而然就作出仁慈和恭敬的动作。

原文

孔子于乡党①，恂[xún]恂②如也，似不能言者。其在宗庙朝廷，便[pián]便③言，唯谨尔。

——《乡党》

注释

①乡党：古代五百家为党，一万二千五百家为乡，合称乡党。
②恂恂：恭顺的样子。
③便便：明白畅达。

译文

孔子在家乡时，非常恭顺，好像不太会说话的样子。他在宗庙里、朝廷上，说话明白而流畅，只是说得很谨慎。

点评

孔子在父老乡亲面前表现得很谦恭，说话也很少，在关乎国家大事的宗庙和朝廷上，则说话明白晓畅又谨慎。他在乡党和宗庙朝廷的不同态度，提醒我们说话要分对象和场合。通常认为，一个人有辩才，讲起话来能够滔滔不绝，就是好事。但孔子告诉我们，言多必失，而且，有时候不说话，或者少说话，也是对别人的一种尊敬。

原文

食不厌精，脍①不厌细。食饐[yì]而餲②，鱼馁而肉败③，不食。色恶[è]，不食。臭④[xiù]恶，不食。失饪⑤，不食。不时，不食。割不正，不食。不得其酱，不食。肉虽多，不使胜食气⑥[xì]。唯酒无量，不及乱⑦。沽酒市脯⑧[fǔ]，不食。不撤姜食，不多食。

——《乡党》

注释

①脍：细切的鱼、肉。

②食饐而餲：饐，食物经久发臭。餲，食物经久变味。

③鱼馁而肉败：鱼腐烂叫馁，肉腐烂叫败。

④臭：气味。

⑤饪：煮熟。

⑥食气：气，同"饩"。饭食。

⑦乱：酒醉。

⑧脯：肉干。

译文

粮食不嫌舂得精，鱼和肉不嫌切得细。粮食腐败发臭，鱼和肉腐烂，都不吃。食物的颜色难看，不吃。气味难闻，不吃。烹调不当，不吃。不到该吃饭的时候，不吃。切割方式不当的肉，不吃。没有一定调味的酱醋，不吃。席上的肉虽然很多，吃它的量不能超过主食。只有酒不限量，但也不至于喝醉。从市场上买来的酒和肉干，不吃。吃完了，姜不撤除，但吃得也不多。

点评

这一章详细介绍了孔子的饮食习惯，展现出孔子对健康的重视，同时，孔子对"割不正，不食""沽酒市脯，不食"的坚持，体现了他对礼贯彻得深入。礼不仅仅是宏观的，还是细小而微的，在最平常处。

原文

> 子钓而不纲①，弋②[yì]不射宿③[sù]。
>
> ——《述而》

注释

①纲：渔网上的大绳叫纲，这里用作动词，指用大绳挂渔网，横拦在河道中捕鱼。

②弋：用带生丝的箭来射鸟。

③宿：止，这里指归巢歇宿的鸟。

译文

孔子只用鱼竿钓鱼，不用大网来捕鱼；用带绳子的箭射鸟，（只射飞鸟），不射归巢歇宿的鸟。

点评

孔子"钓而不纲，弋不射宿"，足以见得他的仁爱之心。我们常讲"上天有好生之德"，上天对天地万物都有仁爱之心，希望它不受一点儿伤害。孔子的恻隐之心不只对人，也对这些大自然中的飞禽走兽。反映在儒家思想里，就是仁民爱物，天人合一。

精选真题

❻ **2019 年浙江省宁波市效实中学高二下学期期中**

阅读下文，完成下面小题。

子曰："乡愿，德之贼也。"

（《论语·阳货》）

或曰："以德报怨，何如？"子曰："何以报德？以直报怨，以德报德。"

（《论语·宪问》）

（1）结合材料和所学知识，说明孔子说的"乡愿"指的是哪一类人。

（2）根据第二则材料，分析孔子视"乡愿"为"德之贼"的原因。

❼ **2022 年北京市高考三模**

阅读下面《论语》中的文字，回答问题。

子曰："始吾于人也，听其言而信其行；今吾于人也，听其言而观其行。"

（《论语·公冶长》）

子曰："人之过也，各于其党①。观过，斯知仁②矣。"

（《论语·里仁》）

子曰："众恶之，必察焉；众好之，必察焉。"

（《论语·卫灵公》）

【注】①党：类。②仁：同"人"。

综合以上材料，简述孔子对"知人"的认识，并选择其中一点谈谈对你的启示。

❺❽ 2022年北京市丰台区高一下学期阶段练习

阅读下面《论语》中的文字，完成下列小题。

①颜渊、季路侍。子曰："盍各言尔志？"子路曰："愿车马衣轻裘与朋友共，敝之而无憾。"颜渊曰："愿无伐善，无施劳。"子路曰："愿闻子之志。"子曰："老者安之，朋友信之，少者怀之。"

（《论语·公冶长》）

②子路问君子。子曰："修己以敬。"曰："如斯而已乎？"曰："修己以安人。"曰："如斯而已乎？"曰："修己以安百姓。修己以安百姓，尧舜其犹病诸！"

（《论语·宪问》）

（1）根据第①则章句，简要说明子路、颜渊的"志"各是什么，由此体现了人物怎样的特点。

（2）"老者安之，朋友信之，少者怀之"，有的学者译为"使老年人安逸，使朋友信任我，使年轻人怀念我"，有的学者译为"老年人得到安顿，朋友间相互信任，年轻人得到关怀爱护"。你认为哪种译法更好，请加以比较，并结合第②则章句简要说明理由。

❺❾ 2021年广东省高考模拟

儒家思想是中国古代传统文化的主流。阅读材料，回答问题。（3分）

孔子极力倡导仁人君子之道。从理想人格的意义讲，孔子所谓的仁人君子不仅应关切个人自我道德品格修养，具备忠信、孝悌、克己、礼让、好学、知勇、仁恕等诸美德，而且更应怀抱经世济民的情怀，"老者安之，朋友信之，少者怀之"，"修己以安人"，"修己以安百姓"。

——林存光《孔子新论》

孔子心目中的"仁人君子"应具备怎样的品德？并结合所学指出孔子提出这一主张的实质。

请将下列诗文名句补充完整。(2分)

　　时光匆匆，三年初中生活转眼间已接近尾声。正如《论语》中所言：＿＿＿＿＿＿＿＿＿＿，＿＿＿＿＿＿＿＿＿＿。

论语人物

导语

　　《论语》离我们并不遥远，翻开《论语》，就像是步入一座古老庄严的学堂。台下，学生们求知若渴，这个问"仁"是什么，那个问"礼"是什么；台上，老师孔子诲人不倦，时而耐心地为大家答疑解惑，时而也会为学生的错误难过、生气。这不就是我们在学校的生活吗？瞧，那个正襟危坐，学得如痴如醉的，是班长颜回，他的学习和德行最好，老师最喜欢他。那个神情坚毅，看上去孔武有力的，是体育课代表子路，他最勇猛，有时不够稳重，老师对他是又爱又恨。咦，怎么有个学生睡着了？那是宰我，他最调皮了，总是惹老师发火。这些性格各异，特色鲜明的弟子，多么像我们身边可爱的同学。

　　通过这一个个鲜活的人物，大家会发现《论语》其实是一本非常有趣的书。孔子那些弟子，也是非常有趣的人。可孔子的学生那么多，号称有"弟子三千，贤人七十二"，逐一介绍有点啰唆，所以本书精选了十二位孔门弟子，带大家来领略一个生动活泼的"论语世界"。

首先，我们肯定要来认识一下"孔门十哲"。孔子曾经列举过十位优秀的弟子，按照他们擅长的科目，把他们分成了四类：德行优秀的有颜渊、闵子骞、冉伯牛、仲弓；擅长外交发言（言语）的有宰我和子贡；擅长处理政事的是冉有、季路；还有精通古代文献（文学）研究的子夏和子游。相当于老师点评班里数学最好的是谁，语文最好的是谁。这十位弟子，后来就被尊称为"孔门十哲"。但"孔门十哲"并非每个人都值得大书特书，像冉伯牛，《论语》中关于他的记载只有一处，就是孔子曾在他病重的时候说："这样的（贤）人，怎么会得这种病呢！"所以本书选的十二个人物里并没有他。

与之相反，有些弟子虽然没有被选入"孔门十哲"，但依然为儒学的传承和发展做出了重要贡献，当得起"孔门优秀毕业生"的称号，子张和曾参就是其中的代表，所以本书把他们放入了十二个人物的名单。

最后一位，选择了樊迟，虽然他不是"孔门十哲"，也没有为儒学做出重要贡献，但他的一些特别之处，让他在《论语》中留下了一抹别样的色彩。现在就一起来认识一下这十二位可爱的同学吧。

如果要在孔子的弟子里选出一位班长，那么颜回一定是最佳人选。

颜回，字子渊，也被称为颜渊，是孔子最得意的门生，孔门"七十二贤人"之首。后被封为"复圣"，意为"又一个圣人"，其历史地位长期高于"亚圣"孟子，仅次于孔子。

很多人不明白颜回厉害在哪，觉得他不显山不露水，既没有突出的事迹，也没有传世的作品，但当你真正理解了他所具备的品质，你才会发现他有多了不起。

颜回刚拜师的时候，孔子也觉得他有点笨，因为他从不反问，孔子就不知道他对问题的理解到了哪一步，万一是"一问都会，一考全错"呢？孔子偷偷观察颜回，结果发现他是真聪明，不仅听懂了自己讲的道理，还能在日常生活中践行。子贡评价他是"闻一以知十"，听到一个事情，就可以类比推理出很多事。可见颜回的悟性之高。

另外，颜回还生动地演绎了什么叫"比你聪明的人还比你努力"。颜回的好学不是凿壁偷光、萤囊映雪这种传奇的励志故事，他只是持之以恒，把学习做到了极致。看似简单，实则艰难。每个人都会有迷茫、挫败，想要放弃学习的时候，颜回也感叹过，说："夫子的道太伟大，我找不到前进的路了。"但孔子却说他只看见颜回进步，从没看见颜回停止。可见即便陷入瓶颈，颜回也没有放松。反观别人，冉有曾对孔子说："我不是不喜欢先生的道，只是力有不逮。"孔子回他："力有不逮，中途休息一会儿就是。你现在说出这种话，就是给自己设限啊。"这一进一退，就拉开了其他人和颜回的学习境界。

除了学习，作为德行科的代表，颜回还有着极高的道德修养，不迁怒于人，不重复同样的错误。听起来好像也很简单，感觉每个人努努力就能够到，但"天下难事，必作于易；天下大事，必作于细"，只有真正尝试过的人才知道，坚持把简单的事做好，并不简单，需要极强的内心修为。而颜回却能始终如一地保持这种品质，哪怕一贫如洗，每天只能吃一小桶饭，喝一瓢水，住在陋巷里，也能怡然自得。这和孔子"饭疏食，饮水，曲肱而枕之，乐亦在其中"的精神如出一辙，这种安贫乐道的精神让人们看到，心灵的力量可以超越物质的束缚，后世称之为"孔颜之乐"。

很多人相信，假以天年，颜回一定能在孔子的基础上促进儒学的巨大发展。可惜他却在四十岁左右就早早离世，成为孔子一生的痛，每每提起都感慨万千。人们无法得知颜回更多的思想，这不得不说是一个遗憾，但作为孔门的大班长，他好学、乐道的谦谦君子形象，已经为后人树立了一个不朽的典范。

乖学生：闵子骞

　　寒冷的冬天，北风呼啸，天寒地冻。一个父亲正在鞭打他十岁的儿子，一边打还一边说："明明穿得那么厚，怎么还在浑身发抖！"这一幅画面，要是被拍下来，一定可以上热搜。这是怎么回事呢？让我们从头说起。

　　被打的孩子叫闵子骞，他本名闵损，字子骞，是个可怜人。闵子骞很小的时候母亲就去世了，所以他养成了乖巧孝顺、懂事听话的性格。后来父亲又再娶了妻子，继母又生了两个儿子，她只对自己的孩子好，对闵子骞很差。冬天的时候做棉衣，继母给自己儿子的衣服填进棉花，给闵子骞的衣服却填进芦花。芦花袄显得很厚很软，但是根本不保暖。这天父亲带着他们兄弟出门，北风一吹，冻得闵子骞瑟瑟发抖。可旁边继母的儿子，却一点都不冷。父亲以为闵子骞是故意装冷来陷害继母，这才有了故事开头这一幕。父亲一鞭子一鞭子抽下去，闵子骞一声都不吭。最终衣服被鞭子抽破，里面的芦花露了出来，父亲这才明白冤枉了闵子骞，想要回去休了继母。可是闵子骞拉住父亲的手说，"母在一子寒，母去三子单"，有继母在，只有我自己受冻，可如果继母不在了，那我们兄弟三人都没人照顾。闵子骞的话感动了父亲和继母，从此继母待他就像待自己的孩子一样。这就是闵子骞单衣顺亲的故事，戏剧《鞭打芦花》就是由它改编的。闵子骞后来成了孔子的弟子，孔子大概也听过这个故事，所以称赞闵子骞说"孝哉闵子骞！人不间于其父母昆弟之言"，"闵子骞可真是孝啊！大家都知道他孝顺，从没有任何人怀疑他父母兄弟夸他孝顺的话"。

在孔子三千弟子中，只有四个人是以"德行"著称的。闵子骞仅次于颜回，排在第二，是名副其实的乖孩子，堪称思想政治课代表。孔子在鲁国的时候，闵子骞一直跟在老师的身边。当时鲁国的大臣要重修国库，闵子骞说："老样子不好吗？为什么一定要重修呢？"孔子听后说："夫[fú]人不言，言必有中[zhòng]。"就是说闵子骞这个人，虽然平时话不多，但是说的都在点子上。孔子反对铺张浪费，作为最乖的学生，闵子骞认为没必要重修国库，正好是孔子前面评价的，他不说就罢了，一旦说了就说中了老师的心思。闵子骞深得孔子真传，一辈子都在学习老师，努力通过自身的仁和孝去教化身边的人，以至于鲁国的季氏想请闵子骞出来做官，都被他婉拒，并且他告诉季氏，如果再来请他，他就躲去汶水隐居。也许在闵子骞的心中，坚持老师的道路，以仁孝改变世界，远比做官重要。这样的人或许显得有些无聊，但在那时候，却是最好的坚守。

闵子骞比孔子小十五岁，但他还不到五十岁就去世了。一般太乖的学生，往往不容易给老师留下深刻的印象，可闵子骞不是。虽然他在《论语》中出场不多，一共只出现了五次，但这五次基本上都是被称赞。孔子称赞他孝，称赞他"言必有中"，称赞他"正直恭敬"。闵子骞去世的时候，孔子还活着，没有人记录下孔子当时说过什么，他一定会为这个乖学生的离开感到遗憾吧。

生活里，人们用"帅到没朋友"调侃自己的颜值很高，那是开玩笑，但在《论语》里，还真有一位"帅到没朋友"的帅哥，他就是孔门的班草——子张。

子张，本名颛孙师，字子张。子张比孔子小四十八岁，和曾子同为孔子晚年所收的学生。

子张是孔门弟子中公认的帅哥，曾子评价他"堂堂乎张也"，"堂堂"是庄严大方的意思，它不仅指容貌端正，更是指一种从内到外散发出的端庄的气质。孔子曾说："单论端庄，子张比我强。"这是非常高的评价。但太过端庄未必就是好事，孔子紧接着又说："子张端庄却不能合群。"因为儒家的君子追求的是平易近人，像子张这种高冷男神就显得不够随和，真的成了"帅到没朋友"。这也导致子张的性格比较乖僻、偏激，孔子就曾评价他和同学子夏的性格，一个太过，一个不足，都不好，叫"过犹不及"。

但有趣的是，后来子夏的门生找到子张，问他该如何交友。一对比却发现，子夏变成了激进派，认为："有贤能的人才值得结交，人品不好的就要拒绝接触。"子张则变成了保守派，说："真正的君子，既要尊重贤人，也要能包容普通人；既能赞美好人，也能善待能力不足的人。"两个人的态度正好颠倒了过来。这既反映了两个人交友观念的变化，也说明了孔子对他们俩的因材施教。子夏性格软弱，就要教会他是非分明；子张性格偏激、不合群，那就教会他包容、随和。

孔子死后，子张广收门徒，宣扬儒家学说，开创"子张之儒"。据《韩非子》记载，孔子死后，儒学分为八派，其中"子张之儒"居于首位，为儒学传承做出了重要贡献。

子张临死的时候，对儿子说："君子去世叫终，小人去世叫死，我今天差不多可以叫终了吧？"他至死都没有放下君子的修养。子张的经历告诉我们，上天赐予的条件只是附庸，重要的是通过后天的学习去发展、成就自己。

孔子的弟子大多出身卑贱，孔子却不曾因此轻视他们，而是认真地发现他们每个人的优点，帮助他们成才，仲弓就是其中的代表。

仲弓，本名冉雍，字仲弓。"孔门十哲"之一，是德行科的优秀生。仲弓的家庭条件不好，父亲身份卑微，孔子就想了个办法鼓励仲弓。古人祭祀，讲究用毛色红亮、牛角周正的牛，不能用耕牛，孔子就对仲弓说："耕牛生了一头毛色红亮、牛角周正的牛，人们虽然因为它的出身不想用它来祭祀，山川之神难道会舍弃它吗？"意思是只要仲弓努力进取，成为一个德才兼备的人才，就算有人瞧不起他的出身，天道也不会埋没他的才能。

仲弓没有辜负孔子的期待，在德行和政治上都有很高的修养，孔子称赞他说："雍也可使南面。"南面在古代是诸侯、卿大夫才能坐的位置，孔子的意思是，仲弓的才能足以治理一个国家，这个评价相当高。但或许是从小出身卑微，仲弓为人沉默寡言，于是就有人对孔子说仲弓的坏话，说他人品虽然好，但是口才不行。孔子反驳说："为什么要口才好？用口才来对付人，才容易招人讨厌。"这里面既有孔子的态度，也有他对弟子的回护。

后来，鲁国贵族季氏招揽仲弓去做总管，他一开始担心自己做不好，会丢了孔子的脸，不肯去，经孔子一番劝说后才答应下来。其实仲弓大可以自信一点，他的政治才能非常优秀，对很多事情都有独到的见解。比如有一次，孔子见了一个叫子桑伯子的人，这个人有才能但是不重礼节，见孔子的时候衣服帽子都没穿。仲弓就问孔子这个人怎么样，孔子说："还可以，他做事简明扼要。"仲弓就说："心存恭敬，做事简明扼要，但态度严肃，这样治理老百姓还合理。但是如果做事随随便便，态度还轻浮草率，那就太简陋了吧？"这个观点不仅得到了孔子的认可，也被后世的儒学家反复研习。

据说孔子去世以后，仲弓联合其他弟子，编纂了《论语》的最初版本，这对整个儒家乃至中华文化的影响是不容忽视的。

最叛逆的学生：宰予

　　一个班里，有颜渊、闵损这样听话的好孩子，就一定有调皮的叛逆学生。在孔子诸多弟子中，宰予可能就是最叛逆的那一个。

　　宰予最著名的故事就是"昼寝"了。大白天的，别人都在用功读书，宰予偏偏在睡大觉。也有人说所谓的"昼寝"是因为宰予身体不好，实在坚持不住了，孔子冤枉了他。但不管怎么说，宰予肯定是在偷懒、睡懒觉。孔子无法容忍这样的行为，说了一句著名的话"朽木不可雕也，粪土之墙不可杇[wū]也。于予与[yú]何诛？"说宰予像是一块烂木头，不能雕刻，又像是一面又脏又坑坑洼洼的墙，不能粉刷。后面这句像绕口令一样的"于予与何诛？"就是说宰予这个人啊，都不值得我责备他。《论语》中让孔子生那么大气的人非常少。孔子说完这句，还没消气，他又补充了一句更狠的。"始吾于人也，听其言而信其行；今吾于人也，听其言而观其行。"意思是以前孔子对待别人比较单纯，人家说什么孔子就相信他们会做到。现在因为宰予，孔子三观都改了，他再听到别人的话不是一下子就相信了，还要再观察这个人的行为，才相信他说的话。孔子最后说"于予与改是"，看来真是把老先生气到了，他才会告诉大家"我是因为宰予才改变的态度啊！"

　　宰予为什么能惹得孔子生那么大气呢？所谓"爱之深，责之切"，只有对一个人有极大的希望，才会被这个人深深地伤害。孔子对宰予，可是寄予厚望的。孔子把弟子们分成四科，德行、言语、政事、文学，宰予被他列为言语第一，是孔子眼中最能说会道、善于言辞的学生。连子贡这种有名的外交家，都排在宰予后面，可见孔子曾经多么重视宰予。所以宰予白天睡懒觉，孔子才会发那么大的火，以至于《史记·仲尼弟子列传》中都记载了孔子因为宰予改变三观的事"以言取人，失之宰予"。从这来看，宰予可是够叛逆了吧。

宰予的叛逆还不仅仅是昼寝这一件事，他还是唯一一个敢当着孔子的面，反对孔子的学生。他反对孔子"父母去世服丧三年"的说法，觉得三年太久了。宰予认为，一个人三年不研习礼，那礼就会败坏，三年不演奏音乐，音乐也会荒废，所以，服丧一年足够了。孔子反问宰予，服丧不够三年你就吃好的穿好的，那你能心安吗？宰予很痛快地回答"安！"就因为这，孔子说他不仁。

在《论语》里，宰予经常问孔子问题，问题也都有难度，从孔子的回答上来看，他对这个弟子应该也是很头疼的。宰予的这种叛逆精神，可能不是两千多年前的孔子想要的，但是如果从今天的教育观点来看，宰予的叛逆难能可贵。他不是无理取闹，不是没有依据地为了反对而反对，而是有理有据地去表达自己的思考和看法。这不就是我们今天所提倡的思辨精神吗？也许孔子也是发现了这点，才把他放在了言语第一的位置。这个白天睡大觉的叛逆学生，也成了"孔门十哲"中最独特的存在。

　　有一个非常有钱的同学是什么感受？子贡告诉你答案。

　　子贡，本名端木赐，字子贡，"孔门十哲"之一，曾任鲁国、卫国的丞相，善于经商，是孔子弟子中的首富。他的钱多到可以和诸国的国君分庭抗礼，孔子周游列国的经费，有一部分就是子贡提供的。

　　那子贡为什么能这么富有呢？一是他的商业眼光特别好，总能提前预测到市场行情的变化；二就是他的口才特别好。子贡作为言语科的代表，其外交和辩论才能，在众弟子中首屈一指。他最传奇的一段经历，就是凭借三寸不烂之舌，以一己之力搅动五国风云。

　　当时，齐国的宰相田常准备攻打鲁国，孔子听说后派子贡前去游说。子贡就跑到齐国对田常说："鲁国城墙低矮，国君愚昧，不好攻打。您应该攻打吴国，吴国城墙高大，装备精良，比较好打。"田常心想，这人是来耍我的吧，哪有墙矮不好打，墙高好打的道理？子贡解释道："您打败鲁国，受益的是齐国的国君和其他大臣，跟您有什么关系？您不如攻打吴国，故意打输，趁机消耗国君和其他大臣的兵力财力，到时候齐国就是您的了。"田常早就想造反了，听了子贡的话茅塞顿开。可是兵力已经调往鲁国了，现在转头伐吴，大臣肯定会怀疑他，怎么办呢？

　　子贡胸有成竹，说："这个不难，我让吴国主动攻打齐国不就行了。"

然后就跑到吴国，对吴王夫差说："齐国一旦吞并了鲁国，吴国就危险了，大王为了自己的霸业，应该提前扼杀这个强敌。"吴王说："道理是这样，可越国正虎视眈眈想报复我，我抽不开身啊。"子贡说："我让越王带兵跟您一同出征不就行了。"于是又跑到越国，告诉越王勾践："吴王察觉到您要报仇了，正准备攻打您。您应该出兵协助吴国伐齐，打消吴王的疑虑。这样吴国如果输了，您趁机报仇；如果赢了，吴王肯定会进一步攻打晋国。那我只要提前通知晋王，让他牵制住吴国的精锐，您照样能灭掉吴国。"

这就是子贡的策略，胁之以威，诱之以利，直击田常、夫差和勾践的软肋。结果也如他所料，吴国打败了齐国，田常趁机篡国，鲁国得以保全。得意忘形的吴王，执意要攻打晋国，被早有准备的晋王大败而归，勾践趁机起兵，攻破吴国，成就霸业。《史记》评价，"子贡一出，存鲁，乱齐，破吴，强晋而霸越"，这是多么耀眼的功绩。

子贡的社会影响力太大，以至于有人说，子贡比他的老师孔子还厉害。但子贡并没有因此膨胀，他用"宫墙"打比方，说："我家的围墙只有肩膀那么高，所以大家一眼就能看到屋里有多好。但夫子家的围墙有数丈高，不入门就看不到里面的华美富丽。"他不是谦虚，而是清醒地认识到眼前的名利只是过眼云烟，夫子所传授的道理才是惠泽千秋的伟业。

农山之上，孔子问子贡有什么志向，他说："两国交战，赐愿着缟衣白冠，游说其间，止息干戈，消除祸患。"他继承了儒家仁爱的品质和济世救民的情怀，虽然能言善辩，却不愿挑起争端，而是以天下和平为己任；虽然多钱善贾，却不会视财如命，而是以救济百姓为己任。

子贡的精神对后来的商界产生了巨大影响，形成了一种特殊的群体——儒商，指具备儒家品质，道德高尚，有社会责任感的商人。子贡因此被称为"儒商鼻祖"，对现代人也有着重要的借鉴意义。

中间生：冉有

聪明的学生讨人喜欢，叛逆的学生惹人注目，唯有表现不上不下的学生容易被忽视，冉有就是"孔门十哲"里备受冷落的中间生。

冉求，字子有，通称冉有，有时也被尊称为冉子。"孔门十哲"之一，擅长处理政事。看姓氏就知道他和冉伯牛、冉雍是亲戚，一个家族有三人位列"孔门十哲"，后世称之为"一门三贤"。

冉有作为政治科的首位，精通政治、经济、军事等多个领域，而且他还以多才多艺著称。他曾在季氏担任总管，这是他人生最重要的一段经历，他也因此遭受非议，可以说他是成也季氏，败也季氏。

季氏是鲁国三大家族之首，是凌驾于国君之上的鲁国当时真正的掌权者，所以大家会发现孔子的很多弟子，包括孔子本人都曾在季氏做官，这是他们为数不多施展抱负的途径。那冉有担任季氏总管，不正是大展宏图的好时机吗，为什么会招来非议呢？因为季氏可不是什么省油的灯，他们名义上是卿大夫，是国君的臣子，实际上却手握重权，试图篡位。这和儒家倡导的礼法制度背道而驰。孔子在鲁国当官时，季氏开了一场周天子规格的宴会，气得孔子大骂："是可忍也，孰不可忍也？"这句话后来变成了一个成语，用来形容人的忍耐已经到达了极限。为了拨乱反正，孔子推行了一系列政策，想削弱三大家族的势力，结果功败垂成，孔子因此失望地离开了鲁国，这才有了后来周游列国的故事。

这么一看，孔子和季氏是死对头啊，那他为什么又鼓励弟子去季氏做官呢？显然是希望弟子能约束季氏。可惜从冉有学习时的表现就能看出来，他做不到。一是他的性格很懦弱，容易退缩。二是他志在从政，对于礼教的修行并不上心，纵观各种典籍，他几乎没有对孔子问过仁、礼相关的问题。他自己也清楚这点，所以侍坐（注：孔子的一种教学方式）的时候，孔子让他介绍自己的长处，他说给他一个小地方，他三年能把那里治理得很富足，但礼乐的教化，就只能等君子来了。

结果冉有担任季氏总管期间，季氏的权力不但没有得到约束，反而日益膨胀，又是跑去祭祀泰山，又是无故讨伐颛臾。孔子就问冉有能不能管管季氏，冉有无奈地说："我也不想，可是劝不动他啊。"孔子回他："你能辅佐季氏就干，不能就走。"冉有没有听孔子的话，继续助纣为虐，帮着季氏敛财，孔子一怒之下说："冉有不再是我的徒弟了，你们快去声讨他！"冉有因此成了唯一一个被孔子开除过学籍的学生。

但孔子其实就是说说气话，季氏的人曾经问他，冉有算不算听话的人？孔子回道："你让他弑父弑君，他也不会听。"可见他虽然对冉有有所不满，但整体还是很认可的。

冉有也没有因为孔子的批评心生怨恨，依然对老师敬爱有加。有一次，齐国来犯，冉有率军抵抗，用独创的战术，帮助鲁国大获全胜，趁机说服季氏迎回了孔子，帮老师结束了十四年的流亡生涯。相比颜回、闵子骞，冉有确实缺乏仁德，不够坚定，但他对老师的敬爱，对工作的认真负责，一样值得肯定。

体育课代表：子路

他是唯一一个敢顶撞孔子的弟子，是《论语》里最有趣的人物，只要他一出场，课堂就会变得欢快热闹起来。他就是体育课代表兼孔子的保镖——子路。

子路，本名仲由，字子路，有时也被称为季路，"孔门十哲"之一，擅长处理军政。他比孔子只小九岁，两个人亦师亦友，总是相爱相杀。

子路和孔子的初见很有戏剧性。当时子路头戴公鸡形状的帽子，腰佩公猪形状的首饰，觉得这样很威风。他听说孔子在附近讲学，就跑过去找碴，说："南山有一种竹子，不用加工，长出来就是直的，砍下来就锋利得能射穿犀牛皮。对天生有才能的人来说，学习有什么用？"孔子回："给这样的箭装上羽毛，再打磨好箭头，不就可以射得更深了？"子路被说得心服口服，当场就拜孔子为师。

成为孔子的学生后，子路依旧不改自己率真粗鲁的性格，不掩饰自己的情绪。在强调修养的孔门弟子里，只有他在面对孔子时敢有"不悦""愠"这样的表现，也只有他敢直接批评孔子。

孔子路过卫国，卫灵公的夫人南子想见他。南子的名声不太好，孔子本来不想去，但推托不过，只好去见了一面。子路知道后就不开心了，摆着张臭脸。气得孔子对天发誓说："我这样做要是不合礼法，就让老天都厌弃我吧！"

但子路批评孔子，并不代表他不尊重孔子，恰恰相反，子路非常渴望得到孔子的认可。有一次，孔子夸奖完颜回，子路凑过来问："如果要打仗，夫子愿意和谁共事？"他这是自知学习比不过颜回，所以提及自己擅长的军事才能，想让孔子也夸夸自己。每逢这种时候，孔子就会打击子路："我和谋定后动的人共事，不和有勇无谋的人共事。"这就是在点拨子路，让他有勇还要有谋。

这两师徒虽然总是拌嘴，但其实关系十分要好。子路不允许别人诋毁孔子，孔子也说："如果我要去海上隐居，能跟随我的，恐怕只有子路！"他们都明白对方的出发点是为自己好。子路批评孔子，是怕他违背他的道义，而孔子打击子路，也是担心他太过刚强勇敢，不懂柔和，在乱世之中容易死于非命。可惜，一语成谶，子路的命运，还真就不幸被孔子说中了。

事情发生在子路在卫国贵族孔悝家做主管的时候。卫国太子蒯聩胁迫孔悝帮他造反，孔悝肯定不会这么做，那么就必定有生命危险。子路在城外听到消息后连忙赶回城，正好碰上从城里逃出来的子羔。子羔也是孔子的弟子，就赶紧劝子路说："你快跑吧，不要受牵连了。"子路却毅然决然地说："不行，我既然吃着孔家的饭，就不能在孔家有难时躲避。"进城后，子路为了救孔悝，和蒯聩的手下打了起来。可是双拳难敌四手，子路很快就被打倒了，头冠也掉在了地上。死到临头，子路却不慌不忙，捡起地上的头冠说："君子就算是死，也要衣冠整齐。"然后慷慨赴义，捍卫了自己最后的尊严。

这就是子路，优点和缺点一样突出，复杂却真实，不完美却可爱，最后，留给后世一个高大的背影。

在孔子的班上，除了强调德行和政治，还非常重视文化教育，"四科十哲"里就列举了两个代表，子夏和子游。这两人虽然都是"文学科"的佼佼者，主攻的方向却不同，先带大家来认识一下语文课代表——子夏。

子夏，本名卜商，字子夏，有时也被尊称为卜子。"孔门十哲"之一，熟悉《诗》《书》《易》等文献典籍。

在众多典籍中，子夏最熟悉的应该就是《诗经》了，他经常在和老师、同学讨论问题的时候援引《诗经》里的句子，可以说是信手拈来。而且他并没有穿凿附会，对《诗经》的理解非常深刻，连孔子也赞叹不已。《诗经·硕人》里有句话叫"巧笑倩兮，美目盼兮，素以为绚兮"，子夏就问孔子："什么叫'有了美丽的笑容和眼睛，然后用素粉去装饰？'"孔子告诉他："有了白色的底子，才能在上面作画。"意思是有了天生的丽质，才能加以修饰。子夏瞬间领悟，说："就像礼也是建立在仁德之上吗？"孔子赞叹说："子夏是能启发我的人！"

或许是源于高超的文学素养，子夏留下了许多优美隽永的格言，比如"博学而笃志，切问而近思，仁在其中矣""仕而优则学，学而优则仕""四海之内皆兄弟"等等。

这样一个才华横溢的文士，一般人都会认为他是个性格温顺的人，尤其孔子还评价过子夏最大的问题是"不足"，就更让人觉得子夏很软弱。其实不然，很多史料表明，子夏和子路一样勇武。

《韩诗外传》里记载了一个小故事，子夏看到赵简子没有穿朝服，披着头发就去见国君了，极其无礼，于是跑过去说："您如果不穿上朝服，我现在就自刎，溅您一身血。"赵简子只好乖乖回家换上了朝服。

子夏晚年在魏国西河教学，形成了著名的"西河学派"。他同时致力于儒家经典的编著传承，《诗经》的前言《诗大序》就被认为是由子夏所写，今本《周易》也普遍认为是子夏流传下来的，他对弘扬孔子学说，传承儒家典籍功不可没，因此也被奉为传经鼻祖。

音乐课代表：子游

　　子游，本名言偃，字子游，也被称为言游。"孔门十哲"之一，深谙礼乐之道。

　　如果说文学科里，子夏熟悉各种文献典籍，是语文课代表，那么子游就是音乐课代表。现在大家都把音乐当成是一种娱乐方式，用来放松心情或者发泄情感，但在周朝，音乐可是正经的主科，具有教化百姓、陶冶心性的作用，而且和礼仪绑定在一起，成为规范社会等级秩序的工具，后世称之为礼乐制度。另外，子游在文学科的排位比子夏还要靠前，说明在孔子的心中，音乐课代表比语文课代表还重要，可见孔子对礼乐的重视程度。

　　子游音乐教育观念很特别，走的是亲民路线，主张用音乐去教化百姓，留下了"弦歌而治"的美名。子游在武城当官时，孔子曾去看望他。听到优美的琴声，孔子莞尔一笑，对子游说："割鸡焉用牛刀？"言外之意，礼乐是为上层服务的，这些小城百姓，哪里需要用礼乐来教化。子游不卑不亢，说："我曾听夫子说过，不管是君子还是普通人，学习大道总是有好处的，君子学了道就会爱民，小人学了道就会明事理，更好管理。"孔子听完，立刻正色，对身边弟子说："子游说的是对的，我刚刚是在开玩笑呢。"

子游对各种礼仪制度的了解也远超其他同门，经常有弟子因为某个礼节和子游产生争执，比如应该穿什么衣服，什么时候哭，等等，最后经过考证，都是子游对了。

　　除了礼乐，子游在从政上其实也颇有心得，尤其在选拔人才上有自己的一套方法。有个叫澹台灭明的人，不走捷径，没有公事不找子游，子游就知道这个人很正直，于是把他推荐给了孔子。这个人后来成为孔门"七十二贤人"之一。

　　如果说子夏是传经派，保护了儒家经典的传承，那么子游就是弘道派，践行并推广了孔子的道，让后人看到了更为丰富的儒学思想。

"笨"学生：曾参

前面介绍了那么多聪明的学生、各科课代表，这一章带大家认识一个"笨"学生——曾参。

曾参，字子舆，通常被尊称为曾子。曾子并没有被列入"孔门十哲"，却在孔子死后挑起了儒学传承的大梁，在孔子和孟子之间起到了承上启下的作用，被誉为是孔子真正意义上的接班人。最终在元明时期，被封为"宗圣"，意为"孔门正宗"，和孔子、颜回、子思、孟子并称为儒家五圣。

从默默无闻到成贤成圣，曾子经历了什么？

曾子刚进师门的时候，孔子认为他反应迟钝，不够聪明，这可能也是他没有被列入"孔门十哲"的原因。但正所谓大智若愚，大巧若拙，曾子不善变通，反过来看，也说明他的内心十分纯粹、坚定，不会被外物所迷惑，能一心向道。比如曾子说过"士不可以不弘毅，任重而道远。仁以为己任，不亦重乎？死而后已，不亦远乎？"把践行仁道视为己任，至死方休，这种一往无前、不死不休的气魄，让人热血沸腾，肃然起敬。

除了纯粹、坚定，迟钝的人还有一个优点，那就是谦卑。大家应该都听过曾子的这句话"吾日三省吾身"。他知道自己不够聪明，所以做事更加审慎，每天都自我反省：帮别人做事有没有尽心尽力？和朋友交往有没有守信？老师传授的知识有没有践行？日积月累下来，曾子对儒学的理解达到了一个惊人的高度。

有一天，孔子告诉曾子："我的道，用一个观念就能贯穿起来。"曾子"嗯"了一声，什么也没说，看起来一如既往的迟钝。但等下了课，其他弟子围过来问老师刚才讲的是什么意思，他回道："夫子的道，就是忠和恕而已。"这个回答相当不简单，"忠"是尽己所能，"恕"是推己及人，两者相加，其实就是仁道。但曾子没有照本宣科说夫子的道就是仁道，表明他在夫子的教学基础上，有了自己的思考，这就是知识的内化，也是新思想的源头。

曾子后来总结自己的思想，写下了著作《大学》，在里面提出了"格物致知""修齐治平"等重要思想。到了宋朝，朱熹把《大学》《中庸》《论语》《孟子》合编为《四书》，并把《大学》放在《四书》的首位，可见这本书的重要性。

孔子死后，曾子把儒家思想传给了孔子的孙子子思，而子思的门人又传给了孟子，所以曾子被认为是孔孟儒学承前启后的关键人物。在传经、弘道方面都做出了巨大贡献。

直到生命的最后一刻，曾子也依然保持着君子的修养和风度，他召集弟子，说："看看我的手和脚，我一生谨小慎微，让它们免遭损伤，至死才停止。你们要引以为鉴啊。"曾子这是用脚做比喻，警示弟子要守住自己的品德，不要让它遭到损伤，真正地做到了死而后已。

"笨"学生终成一代大儒，曾子用自己的执着和坚毅，告诉世人，不必担心输在起跑线上，走得慢，也可以走得远。

进步生：樊迟

　　樊迟，本名樊须，字子迟，一般称为樊迟，孔门"七十二贤人"之一。作为"论语人物"最后一位上场的学生，他在《论语》里的表现可以说是一塌糊涂。上一节里，孔子曾评价曾参有点迟钝，但其实最后看下来，人家那是大智若愚。可樊迟不一样，他是真的笨。

　　樊迟最有名的一个故事叫樊迟问稼。这个事大概发生在樊迟刚拜入师门的时候，那时的他懵懂无知，好不容易能跟鼎鼎大名的孔子学习知识，他问的第一件事竟然是怎么种庄稼。孔子没好气地说："论种庄稼，我不如老农民。"言外之意，你应该问点我擅长的，比如仁义礼智信之类的。樊迟却没有领会，又憨憨地说想学种菜，孔子憋着火说："论种菜，我不如老菜农。"等樊迟走了，孔子终于忍不住说了一句："樊迟真是个小人啊！"孔子这么说当然不是轻视农业劳动，而是被樊迟的蠢给气着了。孔子擅长的是君子的修养，仁义道德的阐述，种田他虽然也懂但并不专业，樊迟问他种田，相当于找语文老师问数学题，他能不生气吗？

　　不仅如此，樊迟学东西也比别人慢。有一次他问孔子怎么算有智慧，孔子说："任用正直的人，那么奸佞的小人也会变得正直，这就是有智慧。"樊迟没听懂，下了课又去问子夏："老师说的是什么意思啊？"子夏一听就明白了，举了个例子说，舜任用皋陶，汤任用伊尹，这两位贤人一上任，

451

那些不仁的人就被疏远了，正直的人就会越来越多。樊迟和子夏的领悟力高下立判。

即便是这样，樊迟也没有气馁，认真反思，刻苦学习，提的问题越来越精妙，也说明他的水平越来越高。有次他问孔子："怎么提高品德？怎么改正邪念？怎么明辨是非？"孔子肯定地说："这真是好问题。"然后细心地解答。从不会提问，到能提出好问题，樊迟虽然笨，却也一步一个脚印前进着。他不像曾子，厚积薄发，一鸣惊人，他终其一生都没能做出更伟大的成绩，但这才是普通学子的一生。他让我们看到，登知识的高峰，不一定非要站到最高点，竭尽全力攀爬过才是对自己最大的回报。

孔子弟子索引

序号	人物	又称	首次出现	注释位置
1	子贡	端木赐，赐	1月2日	1月2日
2	子路	季路，仲由，由	1月7日	1月7日
3	公西华	赤	1月13日	1月13日
4	颜回	颜渊，回	1月18日	1月18日
5	子禽	陈亢	1月20日	1月20日
6	公伯寮	子周	1月24日	1月24日
7	闵子骞	闵损，闵子	2月2日	2月2日
8	仲弓	冉雍，雍	2月2日	2月2日
9	宰予	宰我	2月2日	2月3日
10	冉有	冉求，冉子，求	2月2日	2月4日
11	子游	言偃，言游，游	2月2日	3月11日
12	子夏	卜商，商	2月2日	3月6日
13	子贱	宓不齐	2月10日	2月10日
14	漆雕开	子开，子若	2月11日	2月11日
15	南容	南宫适	2月12日	2月12日
16	公冶长		2月13日	2月13日
17	司马牛		3月6日	3月6日
18	曾参	曾子	3月14日	3月14日
19	有子	有若，子有	3月23日	3月23日
20	子张	颛孙师	3月29日	3月29日
21	申枨		5月12日	5月12日
22	樊迟	樊须，子迟	6月13日	6月13日
23	澹台灭明	子羽，羽	7月30日	7月30日
24	原宪	宪，子思	8月19日	8月19日
25	孟懿子	仲孙何忌	10月3日	10月3日
26	冉伯牛	冉耕	10月25日	10月25日
27	伯鱼	鲤	11月4日	11月4日
28	颜路		11月25日	11月25日
29	巫马期	子期	12月14日	12月14日